FOCUS

Enhancing Brain Performance

最強專注力

精神科醫師教你如何全神貫注，
獲得最強專注力的科學習慣

集中力がすべてを解決する

精神科医が教える「ゾーン」に入る方法

Kabasawa Shion
樺澤紫苑

賴郁婷 ———— 譯

本書以二〇一七年十月於日本發行的《絶対にミスをしない人の脳の習慣》（中譯本書名《精準用腦：提升大腦效能、杜絕失誤的科學開光術！》）之內容加以補充和編輯，並重新改名出版。

前言

「工作老是出包」
「工作效率差，表現不好」
「工作無法如期完成，經常加班」
「忘東忘西，記憶力差」
「要做的事情太多，整天忙個不停」
「時間不夠，每天被事情追著跑」

以上的情況，全都是因為「專注力不足」所造成。

專注力不足的影響

專注力不足的人通常會有哪些特徵呢？

首先，專注力不足會造成注意力渙散，容易出錯，被交辦事情時經常沒聽清楚詳細指令，導致經常被主管或前輩罵，在公司裡的評價也愈來愈差。

無法集中注意力的人容易感到無聊而分心，動不動就拿出手機來看，造成注意力被分散，必須花時間才能把專注力重新拉回到原本的工作上。這麼一來工作效率當然就不好，工作「品質」也變得愈來愈差。

專注力不足的人，大腦在接收訊息的時候，會像漏網一樣無法完整掌握訊息，造成「漏聽」。再者，由於訊息根本沒有進入大腦，當然也就沒有記憶，所以就會讓人覺得你「記性差」、「忘東忘西」、「記憶力不好」。

另外，專注力不足的人無法專注在一件事情上，因此經常一心多用，結果反而影響到工作表現。工作也無法如期完成，變得必須經常加班。每天喊著「事情做不完，忙死了」，感覺時間一直不夠用，總是被工作追著跑。

事情做不完，時間不夠用，到最後甚至沒有多餘的心思去經營人際關係。整個人變得愈來愈焦躁，跟同事之間的關係也愈來愈差。

時間不夠當然也會影響到睡眠不足，更別說是轉換心情或放鬆了。睡眠不足再加上疲勞累積，導致大腦的表現也跟著下降。這樣下去只會陷入惡性循環。

專注力高，做什麼都順利

相反的，擁有高度專注力的人又有哪些特徵呢？

專注力好的人容易專心，能夠有效完成工作。同樣一件事情，這類型的人會比一般人更快完成，而且做得更好，因此被視為是「能幹的人」，深受公司和主管的肯定，加薪和晉升的速度也比一般人快。

這類型的人幾乎每天準時下班，很少加班，因此在時間上比較充裕，有充足的時間可以用來睡覺、運動和放鬆，不會把疲勞帶到第二天，隔天同樣可以用最好的狀態和高度專注力來完成工作。

即使是興趣和私人活動，也會全神貫注地投入，為自己增加「快樂的時光」。也有時間可以從事副業，給自己帶來更多收入。

另外，這類型的人因為壓力少，心情上比較從容，所以比較容易和他人相處融洽，在工作上和生活上也都過得很充實。

看完以上的內容，你覺得自己是哪一種人呢？

專注力不足的人通常「頭腦比較差」、「做事不得要領」、「工作能力差」、「時間管理能力差」。專注力高的人則是「比較聰明」、「做事很有方法」、「工作能力強」、「時間管理能力強」。

幸福可分為三種：「健康的幸福」、「人際關係的幸福」、「成功與財富的幸福」。專注力高的人很輕易地就能擁有這三種幸福，相反的，專注力不足的人很容易就會失去這三種幸福。

你之所以工作不順利、人生不如意，原因都是因為專注力不足。

只要稍微提升專注力，你的工作效率就能突飛猛進，在公司裡的評價也會跟著水漲船高，隨之而來的是更多晉升和加薪的機會。不僅如此，加班的情形也會減少，擁有更多自己的時間。壓力減輕，心情變得更加從容。好事接連不斷。

換言之，專注力提升之後，一切都會跟著好轉！說「專注力是解決一切問題的關鍵」，一點也不誇張。

專注力提升，腦袋會變得更靈光！

從腦科學的角度來說，一般認為大腦中掌控專注力的區域是「前額葉皮質」。「前額葉皮質」又被稱為是大腦的司令塔，主掌包括「專注力，注意力」、「工作記憶」、「思考」、「判斷」、「記憶」、「創意」、「情緒控制」等各種高階認知功能。

專注力不足的人，思考能力通常也比較差，容易猶豫不決（優柔寡斷）。這類型的人，很多除了專注力以外，在其他高階認知功能上相對也比較低落，不可能出現「專注力極差，但除此以外的其他能力非常強」的例子。換句話說，只要落實本書所傳授的「提升專注力的方法」，不僅專注力能獲得提升，所有大腦的高階功能也都能一併提升，包括「思考力」、「判斷力」、「情緒控制能力」、「創意、創造力」等。簡單來說就是「腦袋變得更靈光了！」。

這些能力全面獲得提升之後，不論是「工作上」或「生活上」的所有問題和煩惱，幾乎都能迎刃而解。

這麼說來，「專注力是解決一切問題的關鍵」絕非誇大之詞。

專注力是天生的？還是靠後天培養？

經常有人問我：「專注力不足是天生的嗎？還是後天造成的呢？」

天生專注力低落的人，或是注意力渙散而容易犯錯的人，真的無法改善嗎？

「我有ADHD（注意力不足過動症）的發展障礙，容易分心，這不是我自己能控制的」、「我的情況處於發展障礙的灰色地帶，所以有注意力和專注力不足的問題」，有這方面問題的人非常多。

據說現在有發展障礙的人佔總人口數的5～10％，若是再把處於灰色地帶的人數也算進來，比例已經超過10％。其中最常見的發展障礙ADHD，全名為注意力不足過動症，如同其名，主要症狀為「健忘」、「經常掉東西」、「容易犯錯」等注意力障礙、注意力不集中等方面的問題。換句話說，每10個人當中就有1人可能有天生的注意力缺失或專注力不足的情況。

不過大家也不必太悲觀，因為根據最新的研究顯示，發展障礙的症狀可以透過「運動」來獲得改善。

舉例來說，紐約霍夫斯特拉大學針對8～11歲患有ADHD的兒童進行實驗，在經過8週、每週2次的武術學習之後，專注力不足和過動的情況都有明顯改善，會開始主動做功課和預習，成績也變好了，上課隨意走動的情形也變少了，而且不再出現違規的行為。沒想到ADHD注意力缺失、專注力不足的情況，只要短短8週便能獲得改善。

在美國，10～19歲的青少年大約有10％都被診斷出有發展障礙。就有研究以這些孩子為對象，調查他們在20歲之後的情況，發現半數的孩子都過著與一般人無異的社會生活！令人驚訝的是，他們都能正常工作，過著自立的生活。也就是說，即便有發展障礙，但注意力缺失、專注力不足和過動等症狀仍然可以獲得改善。

天生注意力或專注力不足的人雖然有一定的數量，但是透過後天的活動和行為，專注力絕對可以獲得改善和提升。

專注力可以透過有意識的訓練來獲得提升！

30年前的我，專注力非常差。

30年前（28歲），我在綜合醫院擔任身心科醫師，工作十分忙碌。儘管如此，晚上10點多工作結束之後，我幾乎都會去喝酒。每天的睡眠時間幾乎都不到6個小時，導致白天的精神十分緊繃，經常跟護理師起口角。現在想想，當時根本已經處於腦疲勞的狀態。

二〇〇四年之後，我到美國芝加哥伊利諾大學留學了3年（39歲），受到美國人「活出自我」的生活態度的啟發，我決定「做自己想做的事情」。回到日本之後，我辭去住院醫師的工作，獨自創立樺澤心理學研究所，目標在「身心疾病的預防」，以傳遞資訊和寫作來謀生。

研究所一開始只有我自己一個人（沒有員工），所以我的工作效率會直接影響業績和收入。也就是說，雙倍的效率就能完成雙倍的工作，收入也會跟著加倍。

這讓我意識到，如果我能提高專注力、有效率地做事，就能讓收入不停翻倍！

於是我開始進行「調整」，包括睡眠、運動和晨間散步。每天睡滿8小時，每週上健身房2～3次，還有其他一些在接下來的內容中會提到的方法，都是我從創業以來持續維持長達15年的生活習慣。

後來，這些改變讓我的專注力大幅提升。我每天都會更新我的YouTube頻道和電子雜誌，時間長達10年以上。在寫作方面，每年出版3本以上的著作，甚至在二〇〇三年創下年著作5本的個人最高紀錄。如今我雖然已經58歲，但是比起剛創業時，現在的專注力和工作效率可是當年的3倍，當然收入也增加了3倍以上。

我現在58歲，身體狀況無疑比30歲時還要來得更好，就算長時間工作也不覺得疲累，是人生到目前為止，精神和體力最充沛的時候。

我也很幸運擁有我愛的家人和朋友，在工作方面，每年出版5本著作，個人YouTube頻道擁有50萬的訂閱數，收入年年增加，可以說完全擁有「健康」、「人際關係」、「成功與財富」三種幸福，處於人生的「最佳狀態」。

這本《專注力：解決一切問題的關鍵》彙整了我自己從過去「忙碌於工作，下了班之後沉溺於酒精的不健康的住院醫師」，到如今處於最佳狀態，這段期間所做的所有調整和改變。

相信這些內容對於每天被工作壓得喘不過氣、壓力爆表，想提升專注力和工作效率的各位，一定能有所幫助。

目次

PART 2 輸出

發揮腦力，提升工作「速度」和「品質」

開心完成任務的方法

I
時間管理技巧

II
待辦清單管理技巧

II
社群媒體活用技巧

III
思考技巧

PART 4 整理

透過整理大腦思緒來提升表現

打造戰勝雜念和誘惑的心理的方法

VI
情緒整理

INTRODUCTION

進入最佳狀態「Zone」的方法

提升大腦專注力的基本原則

「大腦」是如何運作來達到「專心」的呢？只要瞭解大腦的「運作機制」，提升專注力絕非難事。接下來就讓我們一起從腦科學的角度來掌握進入「Zone」的基本原則吧。

AI時代更需要具備「專注力」！

手機是偷走專注力的小偷

本書是我二〇一七年的舊作《絶対にミスをしない人の脳の習慣》（中譯本書名《精準用腦：提升大腦效能、杜絕失誤的科學開光術！》）的全新增訂版。從那個時候到現在已經過了6、7年，期間還經歷了「新冠疫情」。

在這6、7年間，人類的生活和工作型態有了劇烈改變。

使用手機的時間從每天100分鐘（二〇一七年）增加為175分鐘（二〇二一年），暴增了約1.7倍。手機的普及率也從80.4%增加到97.1%，可以說現在幾乎是人手一機的時代。

現在的孩子幾乎不看電視，取而代之的是觀看YouTube影片，或是用手機追劇、看動漫。研究顯示，長時間看手機對我們的大腦和心理都會造成傷害，包括影響課業成績、增加憂鬱症和焦慮症的發生率，自殺率也會跟著提升。

德州大學的研究指出，光是把手機擺在桌上，專注力和大腦的認知功能就會受到影響。也就是說，**即便只是把手機擺在一旁、沒有去使用，還是會造成分心。可見手機會破壞我們的專注力**。

使用手機的時間愈長，會造成注意力分散，專注力逐漸下降。手機和網路儼然就是偷走專注力的小偷。在如今人手一機的時代，若不想辦法從手機身上奪回「專注力」，後果將會非常嚴重。

在家工作難以專心的原因

由於新冠疫情的緣故，在家工作和遠距工作成了如今相當普遍的一種全新工作模式，這種在家裡或是共享空間就能辦公，不必親自到公司的全新工作模式讓許多人不必再每天辛苦通勤，有些人也因此得以兼顧育兒和工作，不再顧此失彼。

可是另一方面，在家工作就必須靠自己安排每天的工作內容和進度管理。有些人會自己制定「待辦清單」，然後不受外界干擾、專心一志地去完成每一項工作。對這樣的人來說，在家工作就是非常適合的工作方式。

但是，對於只會做「被交代的事情」等被動的人來說，很多都會因為無法自我管理而吃盡苦頭。只要在家，人就不知不覺地放鬆、變得懶散。換言之，對某些人來說，在家工作不僅無法專心，反而會影響專注力，工作效率變得更差。

實際上，自從因為疫情在家工作之後，精神崩潰的人口突然急速攀升，也有很多人因為在家工作導致壓力變得更大。

由此可知，在家獨自專心工作也需要一些方法和技巧，例如制定待辦清單等，落實自我管理是必備的條件。

AI時代的魔鬼誘惑

在新冠疫情發生的那3年，Prime Video、Netflix等影音無限觀看服務順勢而起，原本就喜歡看電影、動漫和戲劇的我，也是這些影音串流平台的愛好者。疫情期間由於只能待在家裡，我經常隨心所欲地追劇，有時候甚至看到欲罷不能，非得看到最後一集才肯善罷甘休，看完都已經是凌晨3點了。

搭電車的時候，幾乎所有人都在看手機，玩手遊的人也不少，像是消除遊戲或是動動手指就能戰鬥的簡單遊戲等，整個人著了魔似地沉迷於遊戲中。除此之外，最近我也覺得邊走路邊滑手機的人似乎突然變多了。

動漫、戲劇、電玩、各種手機應用程式。對我們設下這些「魔鬼誘惑」的，正是手機。

工作的時候，每當拿出手機要查資料，就會有股衝動想打開「遊戲」來玩，或是看看有沒有「訊息」，因此從工作中分心。這樣的人不在少數，尤其是在家工作的時候，因為沒有人會看到。

有研究指出，人一旦分心，必須要花「15分鐘」才能再恢復到原本的專注狀態。如果是每隔15分鐘就看一次手機的人，相當於一整天都是處在「專注力低空飛行」狀態。

這樣一來根本沒辦法工作。

AI時代是個成癮的時代

當我們在使用Prime Video或Netflix觀看影片時，「在第幾分鐘（或影片的百分之幾）時退出」之類的紀錄都會被拿來作為研究數據，透過ＡＩ進行分析，以製作出「更有趣」、「不會讓人看到一半就想退出」的戲劇。

電玩也是一樣，各種遊戲不斷推陳出新，變得更有趣、更好玩，換個角度來說就是「讓人更容易上癮」。

ＡＩ時代又被稱為是「娛樂的時代」，然而，站在精神科醫師的角度來看，我認為這也是個「成癮的時代」。包括手機成癮和電玩成癮，甚至有人會從線上賭博變成賭博成癮，或是從線上購物演變成購物成癮。

「方便」、「有趣」的同時，也意味著會讓人「欲罷不能」。

覺得「好玩！」的時候，大腦會分泌多巴胺，這是一種會讓人「想要更多」的神經傳導物質，也就是讓人上癮的物質。當「想要更多」的欲望愈強烈，人就愈停不下來，這就是所謂的成癮症。

一旦無法控制誘惑，各種身心疾病隨即找上門

近來許多罹患身心疾病的患者都有一個共通點，就是經常滑手機或上網到深夜。熬

夜追劇或打電玩容易造成睡眠不足、生理時鐘日夜顛倒，導致早上爬不起來去上學或上班。這時候就會開始出現各種「身心不適」的症狀。前面內容中提到的在家工作導致精神崩潰，就是屬於這一類的情況。

睡眠不足、日夜顛倒會造成專注力低落，工作效率也會受到影響，導致工作無法如期完成，形成心理壓力。壓力一旦增加，情況就會像大壩潰堤一樣，各種身心不適的症狀相繼出現。

專注力能讓人全神貫注在工作上，這不僅是一種「專注於當下」的能力，同時也是「控制誘惑」、「對抗誘惑」的能力。

透過實踐在接下來的內容中會提到的「自我洞察」和「放鬆」等技巧，每個人都能養成這種控制的能力。

缺乏這種「控制誘惑的能力」的人，將會陷入人生的低谷，包括網路成癮或電玩成癮，還可能併發憂鬱症或焦慮症等。很多人會因此無法工作，最後演變成停職或失業。

AI時代更需要具備「專注力」。手機、網路、ChatGPT等各種AI工具的盛行，使得「專注於當下」的「專注力」成了不可或缺的能力。

換句話說，我們已經進入一個人類歷史上最需要「專注力」的時代。

專注力低落的3大原因

專注力低落是有原因的，只要瞭解專注力的運作，就會知道自己為什麼無法如自己所想的發揮專注力，當然也就會知道該如何改善。

（原因1）受到一日節奏與疲勞的影響

所謂的專注力，通常在早上是最強的，到了下午和晚上之後會隨著時間愈晚愈來愈差。這是幾乎人人共通的生理節律，很難抵抗。

除此之外，如果長時間工作，隨著腦力的消耗，專注力也會逐漸下降。這種現象也可以說是「疲勞」。疲勞所引起的專注力低落，可以藉由充分地「短暫休息或放鬆」來獲得恢復。

專注力有所謂的節奏和波動，我們應該順應著這個波動來進行工作，而不是逆向而為。趁著專注力最強的時候進行需要全神貫注的重要工作，當大腦疲勞、專注力下降的時候，就做一些收發信件等簡單的工作。**只要順應專注力的波動，就能發揮最大的工作效率。**

關於如何順應大腦的節奏來進行工作，在「PART 2 輸出」的「時間術」章節中將會有詳細說明。至於如何有效地短暫休息，可以參考「PART 4 整理」當中的「休息法」和「睡眠法」。

（原因2）受到腦疲勞和壓力的影響

如果連續好幾個星期一直忙於工作，每天晚上不到11點回不了家，你的身體很可能已經出現慢性疲勞，導致注意力和專注力持續處於低下的狀態。這時候雖然還不至於生病，但是大腦已經陷入「疲累」的狀態，這種情況就稱為**「腦疲勞」**。

腦疲勞很多時候會引發精神壓力，可能還會造成腎臟上方的腎上腺皮質過度分泌壓力荷爾蒙皮質醇。皮質醇濃度若持續增加，會加快注意力和專注力下降的速度。

若要避免慢性疲勞和壓力產生，最重要的是提升自我洞察的能力，盡早發現「自己已經累了」，想辦法排除壓力的原因。一定要提早採取對策，並確實做好壓力整理。

關於這部分的詳細方法，請見「PART 3思考」的「自我洞察力」一節，以及「PART 4整理」的「壓力整理」和「情緒整理」的內容。

（原因3）工作記憶效能下降

工作記憶又被稱為大腦的作業區，工作記憶的效能變差，會造成大腦作業區縮減，導致容易犯錯或突然忘記事情。工作記憶就像是大腦的訊息入口，一旦發生阻塞，可想而知注意力和專注力也會受到影響。

工作記憶效能變差的原因除了上述的「原因1」和「原因2」以外，日常生活的壓力和疲勞的累積也會影響工作記憶的效率。除此之外，有些人的工作記憶能力天生就比較差，可以透過接下來內容中會介紹到的「鍛鍊工作記憶的9種方法」來獲得提升。關於詳細解說，請見「PART 1輸入」的內容。

心理狀態不好的時候，專注力會下降

前額葉皮質功能減弱

注意力和專注力跟額葉和腦幹等多個大腦部位有關，其中位於額葉前部的「前額葉皮質」被視為是掌控注意力和專注力的主要部位。

當前額葉皮質的血流減少時，注意力和專注力就會下降。

憂鬱症患者的大腦前額葉皮質的血流情況和醣代謝功能通常都比較差，換言之，在腦疲勞演變成「憂鬱症」的過程中，前額葉皮質的功能會逐漸下降，導致注意力和專注力不足的情況日益嚴重。

正腎上腺素不足

從大腦神經傳導物質的角度來看，「正腎上腺素」跟注意力和專注力有密切的關係。正腎上腺素分泌不足時，注意力和專注力會下降，變得無法長時間專注在工作或學習上，「粗心大意而犯錯」和「不小心失誤」的情況也會愈來愈多。

正腎上腺素不足的原因，同樣也是因為慢性壓力和腦疲勞。此外，憂鬱症患者腦內的正腎上腺素通常都有濃度過低的問題，因此在憂鬱症初期經常會出現「粗心大意而犯錯」的情況，這可以視為是憂鬱症的初期症狀之一。

注意力和專注力有何差異？所謂的注意力，是指每一瞬間、每一秒鐘等短暫時間的意識的集中。一秒鐘重複六十次就是一分鐘，同樣的，每一瞬間的注意力不斷累積，維持超過一分鐘以上並持續保持下去的能力，就是所謂的專注力。這是從專業角度上來說的差異，但是一般大多將注意力和專注力視為一體來討論。

總之，從健康到腦疲勞，最後演變成憂鬱症的過程當中，注意力和專注力會逐漸下降。有些人會發現自己最近的專注力變得不如從前，這就說明了大腦已經處於疲勞的狀態。若是繼續放任不管，情況將會朝著憂鬱症等身心疾病逐漸惡化。

為了避免發生這種情況，一定要比疾病更早一步，在腦疲勞的階段就趕緊做出應對，包括充分休息和睡眠、及早排除壓力根源等，在生病之前做出調整，這一點非常重要。

目標是比「健康」更好的狀態！

很多人可能會說：「我沒有腦疲勞的症狀！」「我很健康，沒問題的！」這樣的你，也許是為了「想提升專注力」而閱讀這本書。

可是，只有「健康」是不夠的，因為只有「健康」，也就是「沒有生病」，並不代表「做事效率高」。身體健康，可是做事效率非常差的人大有人在。如果你想「提升專注力，發揮比現在更好的做事效率」，那麼你就不能把目標擺在「健康」，而是應該以比「健康」更好的狀態為目標。

比「健康」更好的狀態，我稱之為「最佳狀態」。

〈圖 1〉比健康更好的狀態

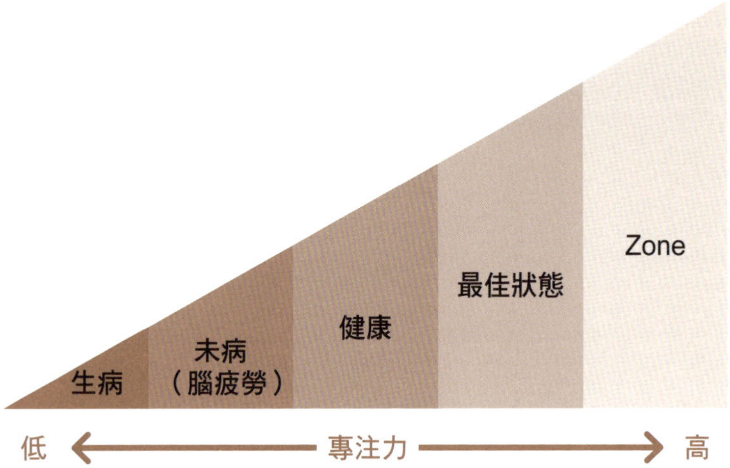

最近經常可以聽到「well-being」這個說法。一般認為「well-being」指的是「不僅僅是身心健康，而且在社交和經濟方面皆處於良好而滿足的狀態」，也就是除了身體沒有病痛之外，在工作和人際關係方面也都非常順利，心靈富足，處於幸福的狀態。有時候會翻譯成「健康」或「幸福」或「福利」，不過這些都只表現了原本定義的一部分，並不是很恰當。

因此，我自己會把「well-being」翻譯成「最佳狀態」。

身體狀況良好，精力和體力都很充沛，專注力高，工作效率也很好，受到公司和主管的肯定，收入不斷增加。情緒穩定，內心從容自在，人際關係良好。「健康」、「關係」、「成功，成就，財富」全部擁有。就像在前言中所說的，這種完美的狀態就是「最佳狀態」。

這種「最佳狀態」才是每個人應該追求的目標，而不是只有「健康」。

最終目標：更勝最佳狀態的「Zone」

雖然說「最佳狀態」是人人都應該追求的目標，但是千萬不能只滿足於「最佳狀態」。如果說還有比最佳狀態更好的境界，難道你不會要想更進一步追求嗎？那個境界就是「Zone」。

運動員之間都知道「Zone」這個說法，在心理學上稱為「心流」，不過在本書接下來的內容當中，我會使用「Zone」這個一般大家比較熟悉的說法來說明。

所謂的Zone，指的是在面對工作或運動等各方面的時候，全神貫注於當下，發揮出比平常更好的表現，而且完全不覺得累，回過神來才發現已經過了好幾個小時。

不需要強迫自己拚命努力去做，等到發現時，工作已經完成，而且做得比平常還要好。如果是運動員，完全不會感到緊張或焦慮，可以心無雜念地發揮最好的表現。沒有比這更棒的事情了。

超越沉迷和熱中，進入「沉浸」的境界，全神貫注、專心到忘了時間的存在。這就是Zone。

一旦能做到保持身心持續處於最佳狀態，就能經常進入Zone的境界。實際上我自己在寫作的時候也經常處於Zone的狀態。

如果能夠有意識地讓自己持續處於發揮個人最佳表現的Zone的境界，那是一件非常厲害的事情。

專注力提升，超越最佳狀態——這就是Zone的境界。

改善大腦的「運作方式」

人類的大腦是如何處理訊息的呢？

人類的大腦處理訊息的過程分成「輸入→思考→整理→輸出」等4個步驟。

以「看書寫感想」為例。

首先是看書【輸入】，一邊思考書中的內容，一邊往下讀。

在閱讀的過程中會揣測「主角的心情」，或是猜想「接下來會發生什麼事？」，大腦不斷產生各種想法【思考】。

如果書中的人物太多，或是故事劇情過於複雜，這時候就必須邊讀邊整理，才有辦法繼續看下去。也就是說，整理訊息是必要的【整理】。

最後根據整理過的訊息，將思考的過程和結果彙整成文章【輸出】。

工作也是一樣。

接受主管交辦的工作【輸入】。

思考該如何進行，不斷嘗試並調整方法【思考】。

針對想法有條理地整理、整理資料【整理】。

將結果以電腦整理成文件，向主管進行報告【輸出】。

由此可知，有效地進行從輸入到輸出的整個過程，就能提升整體的工作效率。這時候「專注力」就是不可或缺的能力，可以讓你心無雜念、專心一志地工作。換言之，專注力就是「大腦的監督員」。

藉由流暢地進行處理訊息的4個步驟，就能進入Zone（Flow）的狀態。「flow」的直譯為「流動」，也就是透過如流水般順暢地處理訊息，可以讓人進入精準行動，全神貫注到忘了時間存在的沉浸狀態。

〈圖2〉大腦運作順暢，專注力就能提升

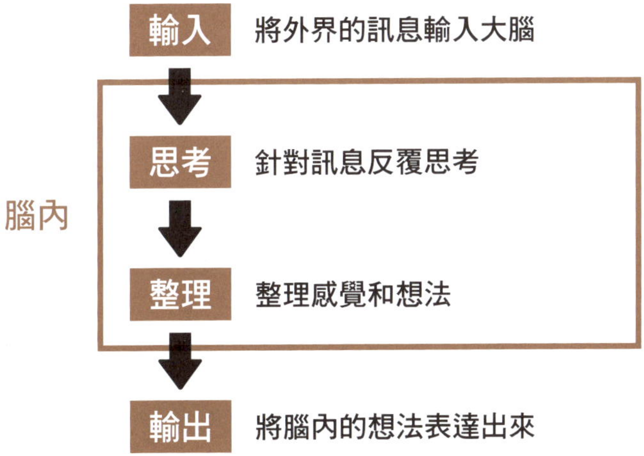
輸入
將外界的訊息輸入大腦
思考
針對訊息反覆思考
腦內
整理
整理感覺和想法
輸出
將腦內的想法表達出來

簡單來說，做到「流暢地工作」，就能進入Zone的狀態。

相反的，「輸入→思考→整理→輸出」當中只要任何一個環節出現「拖延」或「停滯」，就無法進入Zone。因此，接下來的內容將會分成「輸入」（PART 1）、「思考」（PART 3）、「整理」（PART 4）、「輸出」（PART 2）等4個章節來一一為大家詳細說明。

在順序上來說，會先針對訊息的「入口」和「出口」，也就是「輸入」和「輸出」做說明，接著才介紹處理訊息的過程，也就是「思考」和「整理」。

這4個步驟只要任何一個環節出現「拖延」或「停滯」，就無法達到Zone的境界，因此接下來的4個章節每一章都非常重要。

進入Zone的9種方法

進入Zone是一種非常完美的感受，但是要怎麼做才能進入Zone呢？

以下就是我為大家整理出來的，進入Zone需要注意的9大要點。

(1) 調整身心狀態

想要進入Zone，必須讓身心狀態維持在比「健康」更好的「最佳狀態」。舉例來說，每天睡眠時間不到6個小時的人，其實已經步入腦疲勞的階段，最基本的專注力連一般水準都達不到，要想進入Zone恐怕很困難。

調整身心狀態最簡單的方法就是睡眠、運動和晨間散步，平時就要養成維持良好身心狀態的生活習慣，這一點非常重要。

(2) 遠離手機

Zone指的是全神貫注，換言之，要進入Zone就必須盡量減少會妨礙專注力的「干擾」。因此，你應該關掉手機電源，並且將手機放到包包深處。如果可以的話，手機不應該放在房間裡；如果是在公司，最好的做法是將手機放到置物櫃裡。

我自己在寫稿等進行不需要使用網路的工作時，通常會取消網路連線，或是關掉Wi-Fi等直接切斷整個網路系統。

(3) 不安排計劃

Zone是一種「忘記時間的專注狀態」，所以如果「2小時後要開線上會議」，這個行程會變成一股雜念，讓人難以進入Zone的狀態。

根據我的經驗，如果一整天都沒有任何計劃安排，會有比較高的機率可以進入Zone。「能夠不必擔心時間地全神貫注」，這種放心的感覺是進入Zone不可或缺的要素。

(4) 保持整潔

桌上最好不要擺放任何跟「想要專心投入的工作」無關的物品。

桌上的任何東西都會吸引目光，變成雜念。

因此，保持整潔非常重要，至少也要做到保持桌面的整潔。

我經常使用共享空間來工作，只帶著共享空間必需的東西出門，桌上只擺著工作上必要的物品，這樣就能打造出最容易專注的環境。

(5) 營造容易專心的環境

吵雜的環境會讓人無法專心，所以我在咖啡店或是共享空間工作的時候，都會戴著「耳塞」。「降噪耳機」也是另一種不錯的選擇。

電話鈴聲或是有人搭話等，都會打斷專注力。

在「閉關」的環境中，會更容易進入Zone的狀態。

(6) 淨空大腦

Zone指的是「盡可能保持頭腦的清晰和敏銳，流暢地進行工作」。

跟「想要專心投入的工作」無關的訊息，全都是「雜念」。舉例來說，一拿起手機，「雜念」的風暴便開始大舉肆虐。另外像是晨間新聞等資訊節目，也全都是雜念。

總之，跟「當下的工作」無關的訊息，一律都要隔絕在大腦外。

(7) 保持工作流暢進行

如上一節所述，想要進入Zone，大腦必須流暢地經過「輸入→思考→整理→輸出」4個步驟。一旦停下來思考「接下來要做什麼？」，專注力的流動就會被打斷。為了避免這種情況發生，「待辦清單」就是保持工作流暢非常好用的工具。

(8) 選擇小有難度的任務

對自己而言太簡單的工作，或是難度太低的任務，都無法讓人進入Zone。相當棘手，但是努力去做還是可以完成。這種「小有難度」的程度，才有辦法讓人進入Zone的狀態。

我每到截稿前就會進入Zone，因為比起「距離交稿時間還有1個月」，「截稿前3天」的難度會提升不少。

因此，如果是簡單的工作，或是每天都要做的一般例行性工作，很難讓人進入Zone的狀態。但是，同樣的工作若是再加上時間限制，或是把完成期限提早，難度就會提高。

(9) 單一任務

一心多用無法進入Zone，因為同時處理多項工作會造成注意力被分散。

最容易進入Zone的職業之一是「傳統工藝師傅」。傳統工藝的製作過程雖然繁雜，但是藉由朝著「完成作品」的單一目標流暢地進行作業，很容易就能進入Zone的狀態。

切記，想要進入Zone，千萬不要「同時做這個又做那個」，你應該「專心在一件事情上」。

以上這些「進入Zone的方法」，在接下來的各個章節中都還會再更進一步說明。

關於這些方法的詳細內容，雖然是分散在接下來的4個章節中，不過這些全都是為了「進入Zone」的事前準備。透過一一落實這些方法，並逐步提升執行的精準度，可以讓你更容易進入Zone的狀態。

PART 1

輸入

改變「輸入」方式，發揮最佳專注力

一次就正確地牢牢記住的方法

「輸入」是大腦處理訊息的第一個步驟，也就是將外界的訊息輸入大腦。這一章將為大家介紹提升專注力的「任務管理技巧」和「筆記技巧」等具科學根據的實踐方法。

善用「工作記憶」

專注力好壞的關鍵掌握在大腦的工作區域

工作記憶簡單來說就是「大腦的工作區域」，這個部位也是決定專注力和大腦處理能力的重要因素之一，所以請容我先為大家詳細說明。

「不小心忘了重要的事情」應該是專注力差的人常有的煩惱吧。

走到別的房間要拿東西，結果門一打開就忘了自己要拿什麼……大家也有這種經驗嗎？

這種「一時想不起來」的情形，相信每個人都有經驗，若是一再發生，也許會擔心自己是不是患了失智症。事實上，這種「一時想不起來」的情形跟失智症並沒有直接關係。

「一時想不起來」通常是因為邊走邊想事情，或是分心滑手機等各種原因，造成大腦一時之間接收到太多訊息所導致。換言之，**大腦超載才是「一時想不起來」的原因**。

人類的記憶力雖然擁有記憶龐大訊息量的潛能，但是接收訊息的入口非常狹窄，若是一下子輸入大量訊息，就會造成大腦的入口出現「堵塞」。

人類的大腦裡有個叫做「工作記憶」的工作區域，這是一個暫時保存輸入腦內的訊息，並針對這些訊息進行思考、計算和判斷等作業的空間。

工作記憶保存訊息的時間非常短，大約只有數秒鐘，最長也不超過30秒。訊息處理完畢就會立刻刪除記憶，接著再存入新的訊息。

以電腦來比喻的話，「長期記憶」如果是硬碟（HDD），工作記憶就相當於是記憶體（RAM）。電腦在處理訊息時會先將訊息存在記憶體中，待處理完畢便隨即刪除，然後再重新寫入其他新的訊息。同樣一套處理訊息的流程，也隨時在我們的大腦中不斷地進行著。

舉例來說，當朋友告訴你他的手機號碼時，在你輸入到手機之前，大腦應該會一直記住這組號碼。等到你把號碼輸入到手機之後，下一秒這組號碼便會立刻從你的腦海裡消失。這個時候所使用的就是工作記憶。

大腦超載會導致工作效率變差

假設有5項工作必須在今天內完成。

你被逼到走投無路，心裡開始感到焦急，若不趕緊加快速度去做，肯定無法如期完成。這時候你也許會陷入恐慌的狀態，這種狀態一般稱為「不知所措」。通常在這種狀態下，不管做什麼都無法專注，而且效率很差，結果造成嚴重的失誤。

不過，如果要完成的工作只有3項，應該就不會感到慌張，可以從容不迫地完成。不知所措其實就是工作記憶不足的狀態，用電腦來比喻的話，就是記憶體不足導致操作不順的狀態。這麼說應該比較容易理解。

請大家想像大腦裡有「3個文件盤」，就跟〈圖3〉一樣。

你的工作桌上有3個文件盤，你會把工作文件放入其中，依序進行工作。大腦也是以同樣的方式來處理訊息，處理完之後就從原本的文件盤取出，再重新放入其他新的訊息。

由於文件盤只有3個，所以大腦不可能同時處理5項工作，否則將陷入「無法處理」的狀態，造成大腦超載，引發「一時想不起來」或「腦袋一片空白」等情形。

〈圖3〉大腦的記憶裝置──工作記憶

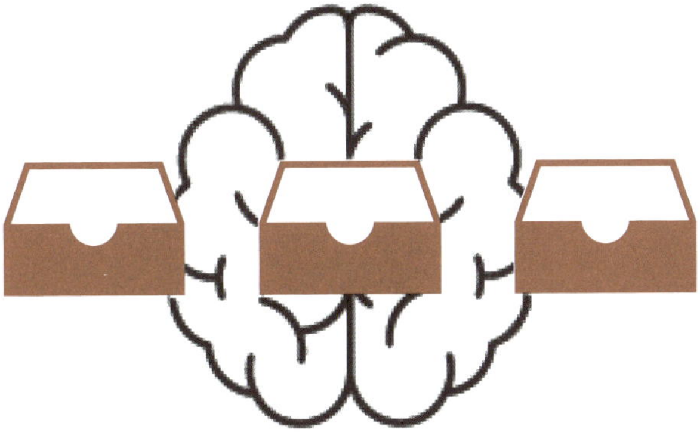

人的大腦裡有「3個文件盤」

「一時想不起來」或是面對迫在眉睫的期限而焦急犯錯的最大原因，其實就是工作記憶的容量不足所造成。

鍛鍊工作記憶沒有年齡限制

如果你從以前就一直覺得「自己經常粗心犯錯」，很可能是因為你的「工作記憶」容量太少的緣故。說不定一般來說大腦裡應該有「3個」文件盤，但是實際上你只有「2個」。

如果是這樣的話，一次能處理的訊息量就會變少，當然大腦也會隨時處於慌忙、全速運作的狀態，沒有所謂的「餘裕」。注意力被分散，工作毫無進展，而且還頻頻犯錯。

相較於此，有些人可以同時處理多個案子，一個接著一個流暢地依序進行。各位的公司裡一定也有這種腦筋轉得快、被認為「能幹」的人。這種人通常「工作記憶」的容量也比一般人來得多。

換句話說，假設原本應該是「3個」的大腦文件盤，多了一個變成「4個」，那麼就算同時處理多個案子，也能井然有序地依序完成。

各位想成為「做事情總是效率差、沒用的員工」，還是「工作效率高、能幹的員工」呢？不用說我想應該都是後者吧。

一般人也許會覺得，「沒用的員工」和「能幹的員工」兩者在能力上決定性的巨大差距是天生的，但實際上並非如此，兩者唯一的差異就只有「工作記憶」比別人多一點或少一點而已。

如果你是個「做事情總是效率差、沒用的員工」，也不必感到失望。**無論是誰，不管從幾歲開始，都可以針對自己大腦的工作記憶進行訓練。**只要好好鍛鍊工作記憶，一定也能脫胎換骨成為「能幹的員工」。

假設你最近工作相當繁忙，連假日也沒得休息，身體累積了不少疲勞。在這種情況下，即使是原本工作記憶強的人，也可能出現暫時性的能力下降，一定要注意。

舉例來說，在早上通勤的途中順道去超商買東西。左邊的超商有2台收銀機，分別都排了5、6位等待結帳的客人；右邊的超商有4台收銀機，幾乎都沒有人在排隊。你會選擇哪一家超商呢？早上時間匆促，我想我應該會選擇有4台收銀機、流動率明顯比較高的超商。

我們可以把這家超商一個接一個快速消化結帳顧客的收銀機，想像成是工作記憶，因為工作記憶是大腦有效率地處理所接收到的訊息的區域，就相當於是超商的收銀機。

工作記憶的容量愈大，就能更快速、更正確地處理訊息。

超商的收銀機數量愈多，客人的流動率就愈高。同樣的道理，工作記憶的容量愈大，處理訊息的速度就愈快，能夠迅速完成工作，連帶地工作的流暢度也會變好。

倘若超商的收銀機數量太少，明顯得花更多時間，而且能處理的訊息量也會減少。負責結帳的店員也會因為過於忙碌而影響到服務品質，甚至還可能會算錯錢。大腦也是一樣，負責接收訊息的窗口「工作記憶」若是達到飽和，就會引發失誤。

想要正確無誤地快速處理訊息並不斷接收新訊息，最重要的方法就是提高工作記憶的容量。

工作記憶的容量

那麼，大腦工作記憶的容量究竟有多少呢？簡單來說就是，我們的大腦裡究竟有幾台收銀機在工作呢？

以前有個說法叫做「神奇的數字7」，讓「7」這個數字引發關注。在背電話號碼的時候，一般最多只能記住7～8個數字，再多就記不住了。

例如，你接到太太的電話，告訴你今天晚上要吃壽喜燒，要你下班回家的時候順便去買牛肉、蒟蒻絲和雞蛋。從掛掉電話，到拿出紙筆把東西抄下來的這段時間，應該沒有人會已經忘記要買哪3樣東西吧。

那麼再換個情境，你太太告訴你：「今天晚上要吃壽喜燒，你下班回來順便去買牛肉、蒟蒻絲、大白菜、蔥、豆腐、山茼蒿和雞蛋。」你掛掉電話之後，就算拿出紙筆想把東西記下來，恐怕也很難完全背出是哪7樣東西。

實驗中課題所給予的負荷程度，會影響工作記憶的容量。例如在記憶「物品名稱」的時候，給大腦的負荷愈多，能記住的數量將遠遠少於7。

最近的研究顯示，工作記憶的容量大約是「3」左右。「3」對大部分的人而言，都能確實記住，可是一旦超過「5」，記憶就會變得不確定，甚至有人會變得腦袋一片空白。

就像一般人都會用「○○○○—■■■—×××」的方式來記憶10個數字的電話號碼，也就是把一長串的數字分成「○○○○」、「■■■」、「×××」等3個區塊來記憶。由此可見，我們會在無意識間使用「3」這個工作記憶來記憶事物。

雖然研究者之間有好幾種不同的說法，也有個體差異的存在，不過我個人覺得，工作記憶容量為「3」這個說法相當具有說服力。因此雖然有諸多學說，但是在本書接下來的內容中，關於工作記憶的容量，一律統一為「3」這個數字。

也就是說，我們的大腦裡有3台收銀機在負責處理訊息。這裡的意思是指平均來說有「3台」，所以比其他人更懂得做事要領的人可能會有「4台」，經常犯錯的人可能只有「2台」。

另外，雖然在一般情況下會有「3台」，不過當處於腦疲勞的狀態時，就會減少成「2台」，甚至「憂鬱症」只會剩下「1台」，造成思緒不停在同一個地方打轉，無法思考。

讓我們稍微整理一下。最佳狀態→4台；健康→3台；腦疲勞→2台；憂鬱症→1台。大概就像這個樣子。假設你現在處於健康狀態，也就是大腦裡有3台收銀機，那麼你要做的應該是想辦法增加到4台收銀機，提升工作效率。如果你現在處於只有2台收銀機的腦疲勞狀態，你要做的應該是消除疲勞，讓自己保持在3台收銀機的「健康」狀態。

在現實世界中，超商如果要增加收銀機，只要店長下令「〇〇〇去支援收銀」，收銀機的數量立刻就會增加。但是大腦的收銀機也能這麼簡單就增加嗎？

答案是「可以」！**假設你大腦裡的收銀機只有2台，想增加到3台或4台，都可以辦得到。**

接下來就讓我為大家介紹增加工作記憶容量、提升大腦處理能力的方法，以及在不增加容量的情況下，充分發揮現有工作記憶的方法。

鍛鍊工作記憶的9大方法

鍛鍊工作記憶的方法有很多，我為大家從中篩選了幾個有科學根據的方法，整理成以下9個鍛鍊工作記憶的方法。

(1) 睡眠

首先，**如果想要百分之百發揮自己所擁有的工作記憶的能力，你必須確實達到身體每天所需的睡眠時間（7小時以上）**。

一份以醫生為對象的研究顯示，相較於有充足睡眠的醫生，睡眠不足的醫生必須多花14％的時間才能完成工作，而且出錯率高於20％。睡眠不足會造成工作記憶、注意力、記憶力、學習功能、執行功能等多項認知功能下降，使人處於專注力極低的狀態。一旦睡眠時間少於6小時，身體就會明顯出現這種認知功能下降的情形，一定要多加留意。

(2) 運動

運動能強化工作記憶。**除了工作記憶以外，還能刺激注意力、專注力、記憶力和學習功能等多項大腦功能，達到預防失智症的效果**。因此，運動可以說是「最有效的大腦鍛鍊」。

有助於提升大腦效率的運動包括「有氧運動」和「重訓」兩種，兩者搭配進行效果更好。短短10分鐘的散步就能達到刺激大腦的作用，如果想從根本上提升專注力和記憶力，建議每個星期要進行2～3次的中強度運動，每一次的時間要持續30～45分鐘以上（每週合計2小時以上）。

針對工作記憶的研究發現，只要跑步30分鐘，跑完之後大腦的工作記憶會立刻獲得提升，可見運動是一種可立即見效的方法。當然，這個效果會在幾個小時之後消失，但是只要養成運動習慣且持續3個月以上，包括專注力、記憶力和工作記憶在內的多項能力，都能獲得明顯的提升。另外，有氧運動會刺激大腦神經生成物質BDNF（腦源性神經滋養因子）增加分泌，強化大腦的神經網絡。

(3) 親近大自然

經常有人問我：「做什麼運動最好？」最新研究發現，「爬樹等在自然環境中進行的運動」、「在自然環境中打赤腳跑步」、「在山徑中進行越野跑」等，對於提升工作記憶和刺激大腦的效果非常好，因此受到關注。

在自然環境中跑步，路上可能會遇到石頭或是倒樹，這意味著你必須迅速察覺到「危險」，並瞬間做出跳過或閃避的判斷和行動。

像這樣**一邊思考和判斷，一邊運動，能進一步活化大腦**。

假設你有每天慢跑的習慣，與其跑在一般路面，選擇自然環境豐富的小徑，或是充滿綠意的路線來跑，刺激大腦的效果更好。

研究也證實就算不跑步，只是在大自然裡漫步或散步，一定能獲得刺激大腦、紓解壓力和放鬆的效果。僅僅是身處在大自然裡，對大腦來說就有鍛鍊的效果，所以大家一定要多多親近大自然，增加和大自然共處的時間。

(4) 閱讀

日本工作記憶研究最重要的推手，大阪大學苧阪滿里子教授，以50位大學生為對象進行研究發現，工作記憶容量大的學生，不僅擁有「較好的閱讀理解能力」，把握整篇文章要點的「掌握文脈的能力」也優於一般學生。

一直以來大家都說閱讀有助於鍛鍊工作記憶，而從這份研究也可以知道，實際上**工作記憶和閱讀理解能力確實有關聯，如果閱讀能夠鍛鍊理解能力，那麼肯定也能提升工作記憶**。

(5) 使用記憶力

在記憶或背誦事物的時候，不可避免地一定都會使用到工作記憶。因此，**有意識地背誦事物等使用「記憶力」本身，就是一種工作記憶的鍛鍊。**

很多社會人士都會進修英文，這種過程中必須記憶各種新單字的「外語學習」，就是一種非常好的工作記憶的鍛鍊。

然而，現在不管任何事物，只要用手機一查就能立刻得到答案，使用「記憶力」的機會已經大幅減少。

因此，自己一定要主動積極地參與各種證照考試或是升遷考試，或是各種有興趣的「檢定考試」，這一點非常重要。即使成為了大人，也必須持續學習。關於「大人的學習」的詳細內容，請參考97頁。

(6) 心算

請用心算算出16＋59的答案是多少？

個位數的和是「15」，所以「1」會進位到十位數。十位數的和是「6」，6＋1就等於7，所以答案是「75」。在這個計算過程中，必須將某些數字「暫存」在大腦中，才有辦法計算。這個「暫存」數字的空間，就是工作記憶。換言之，**心算具有鍛鍊工作記憶的效果**。

可惜的是，現在手機裡的「計算機」功能十分方便，導致大家愈來愈依賴計算機，而不是傳統的心算。可以的話，最好不要仰賴計算機，能夠心算的就用心算，否則大腦很可能會因此漸漸退化。

(7) 桌遊

大家都知道，西洋棋、將棋、圍棋等桌遊是非常有效的認知訓練工具。除此之外研究也發現，這些桌遊對工作記憶也會具有鍛鍊的效果，而且還能預防失智症。

下將棋的時候，必須運用腦海中的「棋盤」進行模擬，例如「走了這步棋之後，接下來對方應該會走那步棋」，提前預測下一步棋，甚至是兩步或三步。這個模擬的過程就會使用到工作記憶。

另外，下將棋和西洋棋等都需要高度的專注力，所以也有助於鍛鍊專注力。

(8) 下廚

先將義大利麵放入滾水中煮，趁著煮麵的時候將洋蔥剝皮，切成細末。接著加熱平底鍋，準備製作醬汁。下廚就像這樣需要同時做好幾件事，「接下來做這個，再來要做那個」，除了掌控複雜的步驟之外，同時還必須注意火力大小，並且判斷熄火的最佳時機。這個過程會充分利用到大腦的工作記憶。

下廚不僅能鍛鍊工作記憶，若是事先將食譜記在腦中，在料理過程中憑記憶進行，完全不看食譜，更能發揮鍛鍊大腦的效果。

有時候從下廚也能發現失智症，例如「最近變得不太會煮東西」、「最近常把鍋子燒焦」、「最近的調味變得怪怪的」等。**下廚雖然看似簡單，實際上過程步驟相當複雜，因此下廚本身就是一種大腦訓練**。

在某些失智症的日間照顧機構裡，「下廚」可是最受歡迎的職能治療之一。

除了鍛鍊大腦之外，下廚本身就是一件快樂的事，跟另一半或是家人一起下廚不僅能促進溝通，而且還能紓解壓力，大家可以多多嘗試。

〈圖4〉鍛鍊工作記憶的科學方法

1	確保每天7小時以上的充足睡眠
2	從事有氧運動，例如速度稍快的散步
3	在自然環境中運動
4	閱讀
5	有意識地使用記憶力，例如背誦等
6	心算
7	透過玩桌遊進行認知訓練
8	透過下廚培養「安排、規劃的能力」
9	透過心念專注在「當下這一刻」

(9) 正念

自從被知名企業Google納入員工教育訓練之後，正念頓時變得廣為人知。「正念」指的是將注意力擺在「當下這一刻」自己的體驗，並且不加評判地接受現實。正念也被當成是一種面對壓力的方法，廣泛運用在醫療、商業、教育等不同領域中。

加州大學聖塔芭芭拉分校的研究以48名學生為對象，讓他們接受正念訓練和營養學的課程二選一，時間為期2個星期。實驗結果發現，接受正念訓練的學生在工作記憶相關的測試項目的得分增加了。不僅如此，閱讀理解能力測驗的分數不但比實驗前還要高，而且比起接受營養學課程的學生，分數平均高出16%。

許多研究也指出，正念具有抑制壓力荷爾蒙和刺激額葉的效果，而且還能促進大腦神經傳導物質血清素的分泌。

專注單一任務工作術

「同時進行」是造成專注力下降的根本原因

要提升大腦的處理能力，重點在於必須持續努力鍛鍊工作記憶。雖然工作記憶可以透過運動或閱讀等各種方法來達到鍛鍊的效果，但是要在短時間內明顯增加工作記憶的容量並不容易。

因此，**當前首要的課題是透過有效地使用自己目前所擁有的工作記憶，來提升專注力和生產力**。

意思就是避免增加大腦的負擔，有效地善用大腦資源。

所以最重要的就是不要「一心多用」。

現在的電腦性能都很好，應該很少有這種情況發生了，不過以前的電腦只要同時開3個網頁，處理速度馬上就會變慢，一旦開啟第4個網頁，整個螢幕立刻就會當掉不動。這種情形經常發生。

同樣的情況也會發生在我們的大腦。

同時處理好幾個任務，會造成大腦的處理速度變慢，得花更多時間來處理。不只如此，一旦超過大腦可處理的訊息量，就會發生失誤。

同時做好幾件事稱為「一心多用」，例如「一邊寫跟工作有關的信件，一邊和重要的客戶講電話」、「一邊寫企劃書，一邊聽取下屬報告重要企劃案的進度」，簡單來說就是同時做好幾項工作。

最近的腦科學研究證實，人類的大腦無法一心多用。

例如「邊～邊念書」，像是邊看電視邊念書。

這時候大腦其實只是以驚人的速度來回切換腦內開關來處理兩個任務，而不是同時進行「看電視」和「念書」兩個行為。

像這樣不停地「切換」，不但會給大腦帶來很大的負擔，大腦的處理能力也會下降，造成大腦疲勞，專注力也跟著變差。

舉例來說，根據倫敦大學的研究，一面工作一面收發郵件或是打電話等一心多用，IQ會下降約10左右。報告進一步指出，這個數字大約相當於吸食大麻時的2倍。

其他也有研究發現，長時間一心多用會刺激壓力荷爾蒙的分泌增加。壓力荷爾蒙會給大腦主掌記憶的海馬迴帶來非常嚴重的負面影響，是造成記憶障礙的原因。**壓力荷爾蒙長期大量分泌，會導致海馬迴萎縮。除此之外，壓力荷爾蒙增加也是造成粗心和一時想不起來的原因。**

根據其他研究，如果無法專注於一個任務，完成該任務的時間會增加50％，而且犯錯的機率最多也會提高到50％。

也有研究指出，若同時進行兩個相似的任務，效率下降的比例不僅僅是50％，而是下降了高達80～95％。

換言之，**比起兩個任務分開進行，一心多用所花的時間更多，而且失誤和犯錯的機率也增加到1.5倍。**

我們平常總是為了「想盡快完成」或「更有效率」，不知不覺就一心多用。但是，這麼做的結果非但工作無法提早完成，反而花了更多的時間。只能說這麼做根本是浪費時間。

會給大腦帶來負擔的一心多用本身就是造成專注力下降的一大原因，同時也是促進壓力荷爾蒙分泌，引發腦疲勞的原因。

不要同時做好幾件事情，應該一件一件依序進行，到頭來這才是提高專注力和效率最好的做法。

聽音樂能讓工作變順利？

每次只要說到「一心多用」會造成工作效率變差，就一定會有人問：「所以也不能邊聽音樂邊做事嘍？」

「一面聽音樂一面工作，效率比較好」，「讀書的時候一定要放音樂」。相信很多人都是這樣吧。

有一項研究分析了大約200份有關工作和音樂的論文，發現以「聽音樂能讓工作更順利」為結論的論文，跟以「聽音樂會妨礙工作」為結論的論文，兩者的數量幾乎差不多。

再進一步細讀這些內容會發現，邊聽音樂會使得記憶力和理解能力下降，但是對心情和操作速度、運動等方面，則會帶來正面的效果。

尤其是有「歌詞」的音樂，會被大腦當成是語言訊息。由於語言和語言之間會互相干擾，因此很可能會妨礙到大腦的語言功能，包括學習、記憶和理解等。

很多外科醫生會主張手術中聽喜歡的音樂能讓自己更專注，這一點可能是因為手術也具備「操作」的性質。有些公司也會播放音樂讓「生產線」的員工邊聽邊工作，藉此提高工作效率。對於會活動到手部或身體的「操作」和「運動」，聽音樂似乎能帶來正面的效果。

音樂會妨礙「學習」、「記憶」、「理解」等能力，但是對於「操作」和「運動」卻能帶來正面效果。換言之，音樂的效果會隨著工作內容不同而產生不同的影響。

透過雙重任務提升效率

上一節說明了「同時進行多樣任務的一心多用會給大腦帶來負面影響」，不過，近來在身心科醫生之間相當關注的一個現象是，**「有氧運動」和「大腦訓練」同時進行，也就是「雙重任務」（Dual-Task），可以獲得非常好的腦力訓練效果。**

雙重任務作為改善失智症和失智症預備軍——「輕度認知障礙」的訓練，效果非常好。

具體來說像是一邊跑跑步機或是上下踩踏板，一邊計算從100連續減3的數字，或是邊散步邊玩接龍等，都是相當推薦的方法。

在進行雙重任務的時候，比起需要費盡腦力思考的困難題目，「簡單的腦力訓練題目」似乎效果更好。**運動方面則以「中強度運動」，也就是會感覺「稍微有點累」的運動，效果最好。**

日本國立長壽醫療研究中心針對100名輕度認知障礙患者，分成「運動＋動腦」和「只接受健康講座」兩個實驗組，進行為期半年的觀察。

研究結果顯示，「運動＋動腦」的組別不僅獲得預防大腦萎縮的效果，甚至連記憶力也變好了。

日本大分縣宇佐市安心院町自二〇〇三年起進行了一項預防失智症的活動——「安心院計劃」，透過定期進行提升雙重任務能力的訓練，最後有9成的參與者大腦血流量獲得提升，成功從輕度認知障礙恢復到正常狀態。從輕度認知障礙進展到失智症的比例也只有對照組的五分之一，展現了非常好的失智症預防效果。

也就是說，進行「運動」搭配「認知課題」的雙重任務，會促進大腦額葉的血流量。額葉同時也是跟注意力和專注力等前面提過的工作記憶相關的大腦部位。

因此，**雙重任務訓練不僅對失智症和輕度認知障礙患者有效，對於想提升專注力的健康上班族來說，也是很有效的腦力訓練**。

舉例來說，很多人在健身房跑跑步機的時候，都會戴耳機聽音樂或是看電視。如果想達到腦力訓練的效果，不妨可以改成「聽英語會話」或是「聽有聲書」。

最近還有些公司推行邊走路邊開會，因為大家常說邊走路邊思考會想到非常棒的點子。

我經常在健身房邊跑步邊校稿，效率非常好，而且常會得到坐在書桌前想不到的靈感。

我想在各位當中，應該很多人都有每天散步或慢跑30～60分鐘的運動習慣。**雖然單純的運動就能獲得鍛鍊大腦的效果，不過若是再加上「動腦」（認知課題），「鍛鍊大腦」的效果會更高**。既然如此，當然沒有理由不多加利用雙重任務的訓練效果。

＝筆記技巧 不依賴「記憶」

透過書寫刺激大腦的司令塔

「想要減少錯誤就要做筆記」。這是從以前流傳下來的方法，但是這個說法有任何腦科學的根據嗎？

「只要做筆記，之後就可以再回過頭來重新檢視和確認。」確實是這樣沒錯，不過，事實上做筆記還有另一個很重要的作用。

做筆記的時候會特別專心，所以很少會「聽錯」，再加上記憶力也會變好，所以即使不看筆記，就算經過長時間，還是會記得當初所寫的內容。

「只是做筆記，專注力就會提升」，這個說法也許會讓很多人感到驚訝，事實上這是因為**「書寫」這個動作會刺激大腦腦幹的網狀活化系統（Reticular Activating System，RAS）**。RAS簡單來說就是我們大腦裡的「注意力的司令塔」，它在整個大腦皮質分布了腎上腺素、血清素、乙醯膽鹼等系統的神經，控制注意力和覺醒。

RAS的意義就像是東海道新幹線和東北新幹線及其他多條在來線的起點站——東京車站。這麼比喻大家應該就能瞭解它的重要性了吧。

RAS能夠在大腦需要處理的龐大訊息量當中，分辨過濾出哪些應該要多加注意，哪些則不需要。

舉例來說，寫下「下一次開會的時間是『6月15日14點開始』」，這個動作會刺激RAS，進而向整個大腦下指令：「這個刺激很重要，請注意！」也就是說，「6月15日14點開始」會被當成重要訊息而受到大腦的重視，比其他訊息還要容易被記住。

新聞記者一定會做筆記的原因

把對方說的話，在3秒之後再複誦一遍。這種事大家應該都辦得到，可是如果時間拉長至30秒，內容就會變得不太確定；經過3分鐘，記憶會變得非常模糊，30分鐘之後可能早就忘光了。

人類的記憶是模糊而不確定的，而且模糊的程度會隨著時間愈來愈嚴重。換個角度來說，「聽完當下」的記憶很可能是最清楚且正確的，所以不妨趁這時候確實地把訊息寫下來。確實地做到這種「記錄」的行為，能將錯誤盡可能降到最低。

我們經常會看到新聞記者在採訪新聞的時候，都是邊走邊聽對方說話，同時還會寫下對方說的關鍵字。既然是新聞記者，當然一定也會用錄音筆錄音，或者專訪時也會有攝影機同步錄影。在這些當中，如果要說「正確記錄」，錄音和攝影記錄肯定會比寫筆記要來得正確。

但是即便如此，新聞記者直到現在都還是很重視「做筆記」。

從我的角度來看，唯一能想到的理由就是，比起「記錄」，記者做筆記的目的其實是為了「讓自己更專心」。

也許是因為過去的經驗告訴他們，手寫更能刺激大腦，所以即便是在數位式記錄已經很發達的現在，他們仍然堅持手寫筆記。

由此可知，**光是「書寫」就能提高專注力和記憶力**。因此，大家應該要養成習慣辨別「重要的事情」、「不容許出錯的事情」、「不能忘記的事情」，並且立刻做筆記。

依照重要程度做筆記

有些人在聽講座或是演講的時候，都會抱著「要把講者的每一句話都記下來」的氣勢做筆記。我認為這種「過度做筆記」的行為最好盡量避免。

原因在於大腦的資源有限。

這裡的「資源」指的是容量的意思。大腦保持高度專注的時間有限，維持深度專注狀態的時間頂多只有15分鐘。

前面的內容中提到，透過「書寫」可以刺激腦幹的網狀活化系統，可是一旦持續幾十分鐘之後，我們的大腦就會感到疲累。掌控注意力和專注力的網狀活化系統疲累的意思，就是人會變得「分心」或是「專注力下降」。

原本「做筆記」是為了要專心聆聽，可是因為「做筆記」做過頭，結果反而讓自己陷入「專注力低落」的狀態，這麼一來就本末倒置了。

所以，**做筆記的時候最重要的是「抓住重點做筆記」**。「重點」指的是一旦出錯，後續將會引發嚴重後果的事情，例如日期時間、場所、截止期限等。

聽別人說話的時候，不可能毫無遺漏地聽進對方說的每一句話，也不可能把每一句話都記錄下來、記在大腦裡。但是不知道為什麼，似乎有很多人都會想做這種不可能辦到的事情。

勉強做過多的筆記會過度使用大腦，加快大腦疲勞的速度。

因此，在聽別人說話的時候，應該依據重要程度來聽，不重要的部分聽過就算了。只要針對自己想知道或是想聽的內容，也就是重要的部分「做筆記」就好，如此專注力才會提高，大腦更容易記住。**千萬別再每一句話都做筆記了**。

「傳統」比「數位」好

每當我在講座上提到「**透過『書寫』能提升專注力，更容易留下記憶**」，台下的學員一定會問：

「數位裝置的輸入也能獲得『書寫』的效果嗎？」

這應該是因為現在有很多人都是用手機的筆記應用程式來做筆記，所以才會在意這一點。

關於這一點，有個非常有趣的研究結果。

普林斯頓大學和加州大學洛杉磯分校共同進行了一項研究，他們以大學生為對象，一組上課手寫筆記，另一組用筆電或平板來做筆記。兩者比較之後的結果發現，手寫筆記的學生不僅成績表現比較優秀，記憶維持的時間也比較長，而且比較容易有新的想法和創意。

斯塔萬格大學（挪威）和艾克斯馬賽大學（法國）的共同研究也顯示，手寫比打字更容易留下記憶。

在這項研究當中，研究人員將受試者分成「手寫組」和「打字組」，要求他們背下20個英文字母，經過3週和6週之後再測驗受試者記得多少字母。結果顯示，「手寫組」的測驗成績比較高。

另外，透過MRI掃描受試者手寫時和打字時的大腦後發現，大腦的布洛卡氏區（Broca's area）這個跟語言訊息的處理有關的部位，只有在手寫時才會受到刺激。換句話說，用打字的方式做筆記沒有辦法像手寫一樣刺激到大腦處理語言訊息的部位。

從以上這些研究結果可以知道，**「手寫」和電腦「打字」相比，手寫才有刺激大腦**

的效果，增強記憶的效果也比較好。

總結來說，「書寫」的時候，比起使用數位裝置，「手寫」的效果更好。而既然做筆記是為了要提升專注力，那麼「手寫」當然是最好的選擇。

統一輸出在同一個地方

有人可能覺得：「我已經習慣把Google日曆當行事曆用，傳統的手寫筆記早就用不習慣了。」

Google日曆可以設定成手機和電腦同步，不論以哪一種裝置輸入，都會顯示在日曆上，而且還能多人共享日曆，非常方便。因為這樣，我不會要求已經習慣這種數位方式的人刻意「改用手寫」。

用任何方法來記錄訊息都可以，**只要遵守一個重要的原則，就是「不要把各種訊息分散記錄在不同的地方」**。

「記私事用這個應用程式」

「記公事用這個手機應用程式」

「雖然都是公事，可是不同的企劃案是不是應該用不同的日曆來記錄會比較好？」

有些人會像這樣同時使用好幾個不同的行事曆應用程式，可是這種分散的做法正是導致漏看和犯錯的主要原因。

不論是紙本行事曆還是行事曆管理軟體都可以，重要的是選擇一種來統一輸出，作為筆記或是行事曆的管理工具。

Ⅲ 訊息收集技巧　善用時間管理

用手機獲得的訊息幾乎都記不住

在電車上，大部分的人都會看手機，有時候甚至10個人中就有10個人都在滑手機。「邊走路邊看手機」的人也非常多。像這樣一整天眼睛直盯著手機好幾個小時，大腦究竟能輸入多龐大的訊息量呢？

讓我們來做個小實驗吧。請大家寫出你記得的過去一個星期內你在手機上看到的訊息，像是在新聞網站上看到的新聞，或是部落格文章等。

你能寫出幾則訊息呢？應該幾乎都忘記了吧？頂多能寫出3～5則就算厲害了。

假設每天滑手機3小時，一個星期下來只記得3則訊息，等於大腦平均7個小時才輸入1則訊息。應該沒有比這效率更差的收集訊息的方法了吧。

可是，一個星期前讀過的書、看過的電視節目和電影內容等，卻能記得一清二楚。

如果說一個星期透過手機只能記住3則訊息，那麼經過一個月之後，恐怕就什麼也記不得了。

很多人都以為「手機是收集訊息很有用的工具」，但是除非很懂得利用，否則只會像這樣變成「浪費時間的工具」。

小心大腦疲勞的「手機失智症」

為什麼用手機獲得的訊息幾乎都記不住呢？那是因為我們在收集訊息的時候「太貪心」了。新聞網站和部落格等一個接一個不停地瀏覽，將大量訊息不斷往大腦裡塞。這麼做也許會感到很滿足，但是這就像100個客人湧入只有3台收銀機的超商就會造成無法處理一樣，大量的訊息會導致大腦的工作記憶呈現飽和，以至於訊息無法進入腦中。也就是說，你以為自己在收集訊息，但事實上訊息只是左耳進，右耳出，結果完全沒有留下記憶。

不只如此，**過度使用手機也是造成「腦疲勞」的一大原因，意思就是「手機使用過久，專注力愈容易下降」**。

根據《その「もの忘れ」はスマホ認知症だった》（奥村步著，暫譯：你的健忘，其實是手機失智症）一書的內容，30～50世代因為過度使用手機而造成「健忘」、「一時想不起來」等「手機失智症」的人口正大幅增加。

所謂的「手機失智症」，指的是將過多的訊息輸入大腦，導致腦內的訊息無法順利提取，大腦變成「訊息的垃圾場」。後果除了記憶力會變差之外，專注力、思考力、判斷力、情緒控制能力及工作記憶等許多大腦功能都會跟著下降。

現在任何事物只要用手機搜尋就能得到答案，所以人變得不愛自己動腦，也不再依賴大腦的記憶。**大腦的「思考功能」和「記憶功能」於是逐漸退化。**

本章在一開始就提到：「**無論是誰，不管從幾歲開始都可以針對大腦進行鍛鍊。**」但是，手機的過度使用非但無法鍛鍊大腦，反而會帶來「大腦退化」的風險。

事實上，30～50世代就有「手機失智症」的人，有很高的機率會在20年或30年後罹患阿茲海默症等真正的失智症。

由此可知，**過度使用手機會引發「大腦工作記憶功能下降」、「腦疲勞」、「失智症」等各種不好的影響，最終給大腦的短期表現，以及人生的長期幸福度帶來負面影響。**

過度使用手機會讓人變笨

日本仙台市教育委員會和東北大學共同進行的「『學習意願』之科學研究計劃」顯示，使用手機的時間每增加1小時，數學和算術成績就會大約減少5分。針對這個數字，有些人提出反駁：「這應該是因為手機使用的時間愈久，相對地念書的時間就會減少，所以成績才會變差。」不過事實並非如此。

這個研究將念書時間分成「30分鐘以下」、「30分鐘～2小時以內」、「2小時以上」等3個對照組來進行分析，結果發現在念書時間相同的組別當中，隨著手機使用的時間愈長，成績愈低。

這項研究也針對LINE和成績之間的關係進行調查，發現如果使用LINE，成績會下降得愈明顯。

有意思的是，**即使同樣是念書時間2小時以上的組別，一旦使用LINE的時間超過4小時，成績也會明顯變差**。

相較於念書2小時以上、使用LINE的時間4小時以上的學生的分數大約是49分，念書不到30分鐘但沒有使用LINE的學生，平均分數有大約59分。也就是說，沒有使用LINE的學生雖然念書時間較短，但是成績卻高出10分之多。

總之，如果長時間使用手機或是社群軟體，就算念再久的書，成績還是會變差。也就是說，**手機或社群軟體的長時間使用，會讓辛苦念書的效果化為烏有**。

這項研究的指導者，同時也是腦力訓練的權威——日本東北大學的川島隆太教授表示，長時間看電視或是玩電視遊戲之後，在接下來的30分鐘至1小時內，大腦額葉會一直處於功能低下的狀態，而且長時間使用手機也會出現同樣的情形。因此，從這項研究可以知道，在大腦額葉功能低下的狀態再怎麼努力念書，都不會得到任何效果。

設定手機使用時間來進行訊息的收集

我並不會告訴大家「手機有害大腦，千萬不要使用手機」。

在先前提到的「『學習意願』之科學研究計劃」當中，「完全不使用手機的學生」和「手機使用時間不到1小時的學生」兩者相比較的結果，後者的成績竟然還高出前者2～5分。

由此可知，**只要事先決定好使用時間，聰明善用手機，就能節省工作時間，讓工作變得更有效率**。至於使用時間，「2小時以下」是一個參考標準。

Ⅳ 學習法①

學習不能太貪心的「剪舌麻雀學習法」

愈是狂做筆記的「筆記魔人」，理解程度愈淺

我每個月都會舉辦好幾場講座和演講，發現其中有一位瘋狂做筆記的學員。這位學員總是全身散發著一股要把我說的話「一字不漏地全部記下來！」的氛圍，飛快地做著筆記。

在講座最後的問答時間，因為沒有人要提問，所以我直接點名那位「瘋狂筆記郎」，問他有沒有什麼問題要問。我心想，既然他那麼認真仔細地做筆記，一定會問出「很有深度的問題」。

沒想到這位「瘋狂筆記郎」的回答竟然是：「還好，沒有什麼特別想問的。」不會吧？！那麼認真做筆記，結果竟然連一個問題都沒有……沒有問題的意思就等於「沒有學到東西」，因為如果有學到東西，應該會對內容產生疑惑或是問題才對。

像這種人，在任何場合都有，如果在會後聚會等場合中和他們直接聊天，會發現其實他們對講座內容的理解程度都很低。

各位的公司裡也有這種開會的時候拚命做筆記，每一字一句都不放過的人嗎？偏偏這種人都會做出偏離重點的發言，或是對上司發言當中一些不重要的部分感到疑惑，因而無法理解上司真正的意思。

明明應該已經輸入大腦了，卻沒有留下記憶；明明應該已經輸入大腦了，卻錯誤理解，或是只理解表面意思，沒辦法做到真正的理解。這些都是對發揮大腦能力的方法有所誤解的人常會發生的情況。

輸入不能貪心

為什麼筆記做得愈多，學到的愈少，理解程度也愈低呢？

這都是因為太專心「寫筆記」的關係。也就是說，大腦的容量幾乎全部都用來「寫筆記」，以至於沒有餘力進行「理解」和「思考」。這樣只是把自己變成只會「抄寫」課程內容的筆記機器罷了。

大家也許會感到驚訝的是，**愈是想要「一字不漏地做筆記」，學到的東西就會愈少。**
沒錯，學習的時候最好不要太貪心，我把這稱為「剪舌麻雀學習法」。

大家有聽過《剪舌麻雀》的故事嗎？

很久很久以前，在某個地方住著一對心地善良的老爺爺和壞心的老婆婆。有一天，老爺爺救了一隻受傷的麻雀，嫉妒的老婆婆為了洩憤，於是剪斷麻雀的舌頭，並且將牠趕走。

老爺爺趕到山上找麻雀，最後發現了麻雀的家。老爺爺受到麻雀熱情的歡迎，最後麻雀還拿出兩個一大一小的竹籠要送給他。老爺爺說自己已經老了，搬不動了，所以只挑了小竹籠帶回家。回到家之後打開發現，小竹籠裡竟然裝了許多金銀珠寶。

貪心的老婆婆得知之後也趕到山上，闖入麻雀的家，帶走了大竹籠。竹籠一打開，裡頭的妖怪全都跑出來了……這就是《剪舌麻雀》的故事。

「貪心的人會受到懲罰」。

這就是這個故事要給我們的教訓，同樣的道理也適用於大腦的訊息輸入。

舉例來說，超商裡一口氣來了100個客人，即便有4台收銀機同時在結帳，櫃檯前還是滿滿人潮，把店裡擠成一片混亂。

人類的大腦一次能處理的訊息量有限，一旦超出可負荷量，大腦就會陷入堵塞，導致所有訊息動彈不得。也就是說，**愈是抱著「一個字都不能漏掉！」的鬥志、充滿幹勁地做筆記，大腦就會堵塞得愈嚴重，最後什麼也學不到**。

由於這時候聽到的內容完全不會進入大腦，所以就連重點也會「漏聽」，或是事後「完全沒有印象」。

因此，在對大腦進行輸入的時候，切記千萬不要太貪心。

IV 學習法② 3點學習法

謹記「3」的原則，使學習發揮最大效果

上一節提到學習的時候如果太貪心，到最後什麼都學不到。那麼，「不貪心」到什麼樣的程度，才是最好的呢？

我有一份講座和演講常用的問卷，問卷開頭第一個題目就是：「請寫下你今天想學習的3件事」。在講座或是演講的一開始，我會花1分鐘左右的時間請台下的參與者作答，因為這麼做能讓學習效率發揮到最極限。

接著，問卷的第二個題目是：「請寫出你今天的3個收穫」。大部分的參與者都會確實用自己的話寫下「3個新發現」。

在開始使用這份「3點問卷」之前，我原本的寫法是「請寫下你今天想學習的事物」以及「請寫出你今天的收穫」，結果根本沒有人願意寫，問卷的回收率也很低。於

是我開始思考有沒有什麼能讓大家更願意填寫的方式，經過反覆的嘗試和調整，最後完成的就是現在所使用的這份「3點問卷」。

參加講座或是演講時，抱著「我今天只要帶著3個收穫回家就夠了」的心態去聆聽，就能讓學習最大化。

舉例來說，來參加我的《神・時間術》（中譯本書名為《最強腦科學時間術》）出版紀念演講會的A所寫的3個「聽演講的目的」為：

1 想知道如何更有效率地利用時間

2 想知道縮短工作時間，同時提升「工作品質」的方法

3 想多一點時間陪伴家人

像這樣寫下「3個目的」之後，在演講的過程中只要聽到符合自己「目的」的內容時，大腦馬上就能察覺「這是我想知道的內容！」而進入專注模式，確實地做到理解和記憶，最後真的帶著「3個」收穫回家。

一場講座或是演講動輒2、3個小時，不可能從頭到尾都全神貫注聆聽。「每一句都不能漏聽」的心態，意思就跟「從頭到尾都要全神貫注聆聽」是一樣的。這打從一開始就是不可能的事，愈是想要「全都學會」，到了後半段提到最重要的重點時，大腦卻已經疲憊，專注力也變差，結果完全沒聽到最重要的重點。

如同前面說過的，大腦裡的收銀機只有3台，意思就是對人類而言，同時思考3件事已經是極限了，一旦超過這個極限，注意力被分散，工作記憶就會發生超載，導致處理能力急速下降。

因此，聽講座或是演講的時候謹記只要抓住「3個重點」，這也可以算是符合腦科學的方法。

如果貪心地想從今天的演講中「全部學會」或是「得到10個收穫」，將會使得大腦停止運作。

「只要得到3個收穫就好」。這才是讓學習效果最大化、不會引發大腦堵塞的學習法。

Ⅳ 學習法③ 專為大人設計的「活化大腦學習法」

準備證照考試的時候，腦袋會異常清醒

上班族如果想要培養大腦全力運作的習慣，或是想要鍛鍊工作記憶或是記憶力或專注力的話，我強力推薦可以去「考證照」。

其實我自己在二〇一四年至二〇一七年三年的時間內，一共通過了「威士忌檢定2級」、「威士忌檢定1級」、「威士忌檢定SM級」、「威士忌專家（WE）」、「威士忌專業（WP）」等5個威士忌相關的測驗。

受到近幾年威士忌熱潮的影響，再加上我自己從以前就很喜歡喝威士忌，所以一開始一半是因為興趣而準備並接受測驗，沒想到通過之後覺得非常有趣，於是不斷地繼續挑戰更難的測驗，直到最後通過威士忌檢定最難的一關——「威士忌專業（WP）」。

所謂的「威士忌專業（WP）」就像是威士忌的侍酒師，除了筆試之外還有品飲測

驗，全日本大約只有200多名合格者，是相當困難的認證測驗（二〇一七年數據）。

在準備「威士忌專業（WP）」測驗的時候，我從一個月前就開始看書，到了測驗的前一週，每天準備的時間就有6小時，甚至到了前3天，每天都是苦讀12小時。自從大學畢業以來，這還是我第一次一天花長達12小時的時間來背誦和記憶，而且其實已經事隔25年了。

若要說考取威士忌的認證對我的幫助，其實沒有任何直接的助益（笑）。但是，經過那幾年努力準備測驗的過程，讓我的身上出現了極大的變化。

那就是「頭腦變靈光了！」。雖然這只是我自己的感覺，並沒有經過IQ測驗的證實，但是比起測驗之前，我的**思緒明顯變得更敏捷，保持專注狀態的時間也比以前要來得長，頭腦非常清晰，一直到現在都是**。

有人可能會懷疑「真的假的？！」，不過我的書籍銷售量可以證明我的自我成長。我到二〇一四年為止一共寫了20本書，最佳銷售成績是3萬本。

二〇一四年十二月，我通過了威士忌檢定2級測驗之後，在那之後所寫的《読んだら忘れない読書術》（中譯本書名為《懂得增強記憶力讀書才會有效果》）一共賣了15萬本，遠遠超越過去的最佳成績，成了暢銷作品。不僅如此，在那之後所出版的《脳を

最適化すれば能力は2倍になる》（中譯本書名為《別再錯用你的腦，七招用腦法終結分心與瞎忙》）和《神・時間術》（中譯本書名為《最強腦科學時間術》），也都陸續登上暢銷排行榜。

《読んだら忘れない読書術》之後的作品，跟之前的作品相比就能一目瞭然，無論是文章的程度或是作品的完成度，都有明顯的提升。

我自己分析這短時間內的飛躍性成長，最主要的原因應該是因為那幾年為了準備威士忌認證測驗，所以定期性地進行了高強度的學習，我的專注力也因此有了提升，能夠在頭腦清晰的狀態下寫作，所以才能寫出容易理解，且內容更具深度的作品，陸續登上暢銷排行榜。

老實說，以前我很看不起檢定和認證考試之類的測驗，心態上總是覺得「說什麼檢定，其實還不是給主辦單位賺錢而已」、「又沒有要出國留學，考托福做什麼」。

不過，當我親自經歷過之後發現，**即使「證照」本身完全無法發揮作用，但是準備考試所帶來的腦力訓練，會給大腦帶來明顯的刺激**。證照考試可以說是最好的腦力訓練，最近我甚至在各種場合都會跟大家推薦檢定考和證照考試的好處。

尤其是40幾歲和50幾歲，或是年紀更大，自己感覺記憶力和專注力都不如從前的人，強力推薦一定要試試檢定考或證照考試這種「大人的學習」。

背誦記憶能降低失智症風險

有研究指出，大人的學習有助於鍛鍊大腦的工作記憶。當中尤其是語言之類的學習經常需要記憶和背單字，會不停地使用到工作記憶，是一種非常好的工作記憶訓練。

過了40歲以後，會明顯察覺大腦的衰退，包括一時想不起來、忘東忘西等記憶力變差，或是專注力下降。如果不採取任何手段，大腦功能下降的情形將會愈來愈嚴重。不過，透過有助於記憶力和專注力提升的「大人的學習」，就能達到預防的效果。

「測驗」具有「時間限制」，「必須在測驗日之前專心做足準備」的壓力會強制提升專注力。

其他還有許多腦科學方面的證據，可以證實這種「大人的學習」的功效。

關於失智症，一直以來都有非常多相關的研究，其中在失智症危險因子的研究當中，全世界有相當多研究結果皆顯示，**「受教育年數愈短的人，將來罹患阿茲海默症等其他失智症的風險會增加」**。反過來說，「受教育年數愈長的人，較不容易罹患失智症」。

這一點可以從「認知儲備能力」（cognitive reserve）的概念來說明。認知儲備能力較好的人，即使腦內出現失智症相關的病變（神經細胞死亡），大腦也會改用神經元之間的替代通路。

也就是說，如果在過去的人生中累積了足夠的訊息、知識和豐富經驗，即使大腦出現部分損傷，也能藉由過去的經驗來彌補，不至於引發失智症。

這種說法可能會讓某些人感到沮喪，認為自己學歷不高，將來很容易罹患失智症。其實不必擔心，因為教育不是只有學校教育，**出社會之後透過「大人的學習」來增加大腦的訊息、知識和經驗，一定能提高「認知儲備能力」**。

有一份研究名為「修女研究」（Nun Study），以678位修女為對象，針對她們的生活和大腦等多方面進行老化的研究。這份研究最後得到的結論是，在這些修女們的日記中所呈現的青春期詞彙的豐富度，和60年後阿茲海默症的發病率有相當密切的關係。

此外，研究人員解剖了一位百歲修女的大腦進行病理研究之後發現，大腦雖然已經出現阿茲海默症特有的病理現象，可是卻完全沒有出現失智症的症狀。而這位修女生前就是個頭腦非常好、相當聰明的人。

從這一點可以知道，**長大之後只要透過持續學習提升「認知儲備能力」，就算活到100歲，還是能保持大腦清晰敏捷**。

這幾年檢定考試的風氣相當盛行，市面上充滿各種證照考試和檢定測驗。光是跟酒有關的就有威士忌、啤酒、葡萄酒、清酒、燒酎、蘭姆酒、龍舌蘭；「飲食」相關的有日式料裡、麵包、起司、甜點、蔬菜、水果、壽司、咖哩等。其他還有芳香精油、減重，以及漢字和英語等語言相關的測驗，全部加起來大約有數百種。從自己的興趣和樂趣進一步發展，結合「喜好」和「快樂」去學習，藉此不僅能開心地繼續從事興趣，同時還能鍛鍊專注力和記憶力。

像這樣的「大人的學習」，大家一定要挑戰看看！

PART 1
行動清單

- 工作記憶下降是造成「專注力下降3大原因」之一，可透過「睡眠」和「運動」等9大習慣來達到預防。
- 「一心多用」會對大腦帶來負面影響。「運動」和「腦力訓練」搭配進行的「雙重任務」對大腦會產生正面效果。
- 做筆記只需要針對重點，用手寫的方式來記錄，並且將所有筆記整合在同一個地方。
- 透過準備證照考試來活化大腦。
- 有意識地用「3」的原則來連結訊息，以更有效率的方法來記憶。

PART 2
輸出

發揮腦力，提升工作「速度」和「品質」

開心完成任務的方法

工作中有九成其實都是把訊息從大腦輸出的過程。只要針對「時間管理技巧」、「待辦事項清單管理技巧」、「進度管理技巧」等稍微做點變化，就能讓大腦的齒輪加速運轉。

工作有九成都是「輸出」

「輸出」指的究竟是什麼意思？

將訊息放入大腦是「輸入」（input）。然後，大腦會以「思考」或「整理」等方式，針對這些輸入的訊息進行加工。接下來的**「說話」和「書寫」和「行動」等所有動作就叫做「輸出」（output）**。

跟客戶開會、公司內部開會、上門推銷、用電腦製作資料、寫演講稿等，也就是所謂的動手或動嘴巴的「工作」，都算是輸出。

提升專注力對輸出的影響是不可估量的。

專注力提升了之後，大腦就能更正確地處理訊息，於是，在工作上漸漸不再出錯，任務一次就能完成，不必再反覆重做。

錯誤減少了，工作上的退回重做和修改作業也會跟著減少。以結果來說，就可以減少時間的浪費。

不僅如此，省下來的時間還能從容不迫地進行別的任務，提升專注力和生產力。換言之，**透過減少錯誤，可以讓接下來的過程進入良性循環**。

相反的，在專注力不足的狀態下輸出會容易出錯。一旦發現錯誤，就必須中斷手上正進行到一半的其他工作，回過頭來修正錯誤，因此影響到工作效率和專注力，陷入惡性循環當中。

在接下來的內容中，我將為大家介紹如何善用專注力，使工作進入良性循環，持續做出零失誤且高品質的輸出。

時間管理技巧①　超日節律時間術

順應清醒度的節奏

人的清醒度、注意力和專注力，是以90分鐘為一個單位的節奏來循環。

舉例來說，大家有沒有開車開到一半非常想睡的經驗呢？不論是嚼口香糖、喝咖啡，還是捏自己的臉頰都沒有用，還是很想睡。

遇到這種情形，有時候只要把車開到休息區稍微休息個十分鐘，腦袋就會變得非常清醒，原本那股強烈的睡意奇蹟般地完全消失不見了。

人體的清醒節律是以「大約90分鐘的高度清醒狀態＋大約20分鐘低清醒度的狀態」為一個週期，一整天不停反覆地循環發生。這個節律就稱為「超日節律」（ultradian rhythm）。

所謂高度清醒的狀態，指的是注意力和專注力集中、不容易犯錯的狀態。

相反的，低清醒度的狀態就是睡意強烈、注意力和專注力低落、容易出錯的狀態。如果是在開車，這個時候就很容易發生事故。

剛才提到開車時突然出現強烈睡意的例子，可以想像成是處於超日節律的低谷部分（清醒度最低的部分）。強烈的睡意，再加上注意力和專注力下降到最低，因此完全無法應對任何突發狀況。

這種時候的事故發生率非常高，所以應該立刻找地方停車休息才對。

雖然說是休息，其實只要大約5分鐘就可以了，或是10分鐘也行，不需要休息好幾十分鐘。

透過休息，清醒度會逐漸上升，很快地睡意便會消失不見。超日節律是生物所擁有的難以改變的身體節律，因此最好的方式應該是順應這個節律來工作，而不是對抗它。

專心90分鐘，等到注意力開始渙散，或是想睡覺的時候，就停下來休息個15分鐘。假使不停下來而繼續工作，出錯的機率將會大幅增加。

雖然說超日節律一般都是「90分鐘＋20分鐘」為一個週期，不過最近的研究發現，這當中其實有著非常大的個別差異。有的人會出現正負20分鐘的誤差，有的人是70～100分鐘，每個人之間的差異相當大，所以不必太拘泥於「90分鐘」的數字。總之，**持續工作大約90分鐘之後，大腦的表現一定會開始下降而容易犯錯，因此這時候就應該要停下來好好休息**。

處於超日節律谷底的時候，小睡片刻也是個不錯的方法。這時候由於睡意強烈，所以很快就會進入深度睡眠，即便只是小睡個5～15分鐘，對大腦和身體消除疲勞來說，效果也會非常好。

I 時間管理技巧② 固定時間和星期的時間術

避免在「犯錯的魔鬼時段」工作

想要減少犯錯，方法意外地簡單。人不可能一天24小時、一年365天持續不斷地在犯錯，其中一定有比較容易出錯的時段或星期，姑且就稱之為「犯錯的魔鬼時段」吧。

相對的，也有專注力高、犯錯率極低的時段。對於一些出錯將導致嚴重後果的重要工作，最好擺在專注力高、不容易犯錯的時段來進行，**絕對不能在專注力極低的「犯錯的魔鬼時段」進行**。

像這樣對專注力的時段特性有所瞭解之後，稍微做點「時間分配」，就能大幅降低犯錯率。

一天當中專注力最差的「犯錯的魔鬼時段」，就是「清晨天亮之前」。有在凌晨3〜5點熬夜過的人，應該有在這個時段工作過的經驗吧。

這個時段除了睡意強烈之外，專注力也極差，很可能會犯下平常絕不會發生的嚴重錯誤。

三哩島核災事件、車諾比核災事件、挑戰者號太空梭爆炸事件等許多重大事故，都是因為這個時段的不注意所引發的失誤所造成。這一點在事後的事故調查報告中都有提到。

這個時段對人類來說，本來應該是睡眠時間，所以從一整天的睡眠覺醒週期來看，這個時段的認知功能會降到最低。因此，不管再怎麼注意，也不可能避免犯錯。

常會發生一種狀況是：熬夜完成了資料，最後卻將「存檔」誤按成「刪除」，而且不知為何連備份也沒有留下來……就算熬夜工作到天亮，可是一旦犯下嚴重的失誤，不僅一切的努力全都白費，反而還會帶來負面影響。**不論是從「減少犯錯」的角度來看，或是從確保擁有適當睡眠時間的意義上來說，熬夜工作都不是值得推薦的做法。**

避開容易犯錯的時段和星期

日本網站「はたらこねっと」以510人為對象進行了一項有關「失敗」的問卷，得到的結論非常有意思。**針對「是在什麼時候失敗的？」的問題，最多人回答的時間是「下午2～4點」，佔了40％的壓倒性多數。**

另外，**最多人回答的星期是「星期一」（25％），其次是「星期五」（19％），比例最少的則是「星期二」（5％）。**

下午2～4點剛吃完午餐，再加上工作愈來愈疲倦，正好是睡意萌生的時段。這個時段的專注力會明顯下降，所以應該要避免進行絕不能出錯的重要工作。

一整天專注力最好的時段，當然就是早上了。因此，不容許出錯的重要工作，或是需要高度專注力的基本工作，應該要趁著早上完成，不要留到下午。光是這樣，工作效率就能大幅提升。

此外，從星期來看，有四分之一的失敗都是發生在星期一，比例相當高。這有可能是因為週末兩天都睡到中午才起床，生理時鐘被打亂；或者是因為一週才剛開始，還沒進入工作狀態；也有可能是因為剛放完假，累積了許多事情得完成，工作量或作業量太多的緣故。

相反的，「星期二」只有5%，比例非常低。這也表示大部分的人很少在星期二犯錯。

總結來說，不容許出錯的重要工作，最好避開「星期一」和「星期五」，盡量擺在「星期二」來進行。「星期二」可以說是一週當中最能在高專注力的狀態下完成工作的日子。

時間管理技巧③ 大腦最清醒的「黃金時段時間術」

將麻煩的工作擺在一大早完成

一天當中最容易犯錯的時段是凌晨3點左右，以及下午3點左右，因此，「不容許出錯的工作」不應該擺在這個時段進行。這一點相信現在大家都已經明白了。那麼，「不容許出錯的工作」最好要放在什麼時候進行呢？

答案是早上9點。也就是一般公司行號開始上班的時間。早上起床之後的2～3小時又稱為大腦的黃金時段，因為腦內的訊息在經過一夜睡眠的整理之後，早上的大腦正處於思緒清晰的狀態，就像一張上頭什麼東西都沒有的「全新的桌子」。

而且，早上的大腦充滿活力，完全不覺疲憊。換言之，**早上「大腦的黃金時段」是一天當中專注力最好的時候**，也可以說是最不容易犯錯的時段。

因此，一天當中「最不容許出錯的工作」，應該趁著一開始上班就立刻全力去做，

〈圖5〉各時段專注力的變化

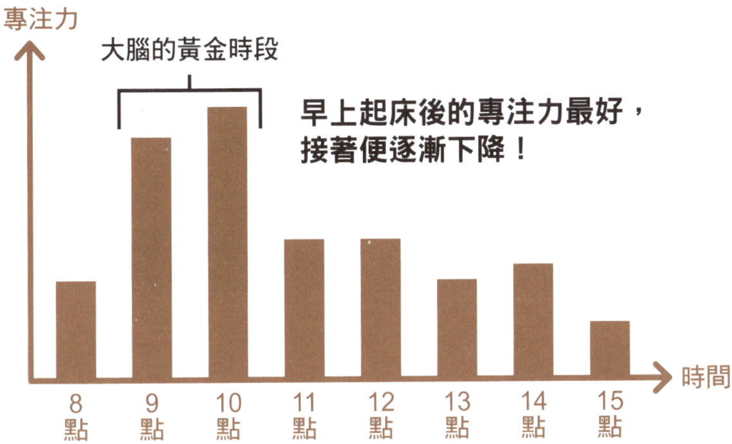

盡快完成。

之所以這麼說是因為，「大腦的黃金時段」只有起床後的2～3小時的時間。假設早上7點起床，大腦的黃金時段頂多只到10點，可以工作的時間並不多。

可以說，**接下來一整天的工作效率，就取決於你能在一早大腦的黃金時段完成多少重要工作**。

可惜的是，大部分的上班族每天開工的第一件事，通常都是收發郵件和訊息。收發郵件訊息這種事情屬於「簡單的工作」，就算在大腦疲憊的狀態下也能完成。將大腦的黃金時段耗費在這種簡單的工作上，可以說是最糟糕的時間浪費。

延長「大腦黃金時段」的方法

雖然說「不容許出錯的工作」最好要在開始工作之後的1小時內完成，可是像「整理財務報表」這種需要處理龐大資料的工作，不可能在1小時內完成。這時候該怎麼辦呢？

腦科學相關的書都會告訴你，**「大腦黃金時段」是起床後的2～3小時**。那麼，起床之後經過3小時1分鐘，就不算是「大腦的黃金時段」了嗎？這個「3小時」的界線，有什麼科學根據嗎？其實並沒有。至少我還沒有讀到有哪篇論文說「3小時一過，大腦黃金時段便會消失」。

所謂「起床後的2～3小時，大腦能充滿活動地運作」，一般指的是多數人所感受到的經驗數值或平均值。

事實上，**「大腦黃金時段」是可以延長的**，因為既然「大腦黃金時段」指的是「腦內像一張全新的桌子般乾淨整潔」，那麼，如果能夠不把大腦弄亂，讓它繼續保持乾淨地運作，專注力就不會下降，可以繼續維持「大腦黃金時段」的表現。這實質上等於延長了「大腦的黃金時段」。

實際上，我自己每天都會運用到「大腦黃金時段延長法」。狀況好的話，甚至能延長3～4個小時，一直到下午1點左右都還能保持高度專注的狀態，維持高品質的寫作。

「大腦黃金時段延長法」具體來說可以怎麼做呢？

其實就是讓大腦的桌子能夠保持乾淨地繼續使用。為此，你必須避免一切「不必要的訊息」進入大腦。

最糟糕的行為就是看電視。晨間新聞等電視節目會讓大腦接收到大量訊息，使得大腦內部一下子就變得「雜亂」。這麼一來，「大腦黃金時段」非但無法延長，反而會當場畫下句點。

透過手機不停地滑新聞和報導，同樣也會快速打亂大腦。也不建議這時候收發郵件或訊息。

簡單來說，打開手機這個「訊息百寶箱」的那一刻，「大腦的黃金時段」就結束了。大部分的日本人說不定都不懂得善用「大腦的黃金時段」。

就讓我來為大家介紹我自己使用「大腦黃金時段」的方法吧。

早上起床之後我會先淋浴，接著回到自己的房間關上門，不是收發郵件訊息，更不是上網，而是馬上開始寫作。我會全心投入地持續地寫，好讓自己不去想正在寫的書以外的事情。包括電話也不接，就算有宅配按電鈴也不出去應門，也就是把自己變成「閉關」的狀態。

如此一來，大腦就完全不會接收到多餘的訊息，腦內的桌子便能長時間保持乾淨地繼續使用下去。

當然，我也不是每天都這麼做，不過當截稿期限快到時，我就會刻意創造這種閉關的狀態，以延長「大腦的黃金時段」，製造高度專注的時間。

在辦公室上班的上班族有時候必須接電話，有時候會被主管叫過去，很難把自己變成「閉關」狀態。不過，透過**「早上不看電視」、「收發郵件訊息就等到感覺有點累、休息的時候再做」、「中午之前不要安排與人會面的行程」**，一樣可以延長「大腦的黃金時段」。

中午之前是能夠維持高度專注狀態的寶貴時段。既然是一天當中「工作效率最好的時段」，當然一定要好好珍惜使用。

① 提升專注力的待辦清單管理術

待辦清單的錯誤使用方法

上一節提到早上我一坐到桌子前就會開始專心寫稿，事實上，在這之前我還會做一件事，就是將當天「該做的事情」全部列出來。也就是製作「待辦清單」。

善用待辦清單來快速且有效率地處理工作，可以把工作正確而無遺漏地一一完成，避免出錯。

首先，讓我先為大家說明製作待辦清單的驚人好處。

【待辦清單的驚人好處1】專注力不中斷

有些人會批評製作待辦清單沒有意義，因為就算照著清單去做，工作效率也不會提升。會說這種話的人，恐怕是誤解了待辦清單的用法。

例如使用手機或電腦等數位裝置的待辦清單，或是沒有把待辦清單放在常見的地方。這些待辦清單的錯誤用法，當然無法帶來充分的效果。

舉例來說，如果用手機管理待辦清單，每當要做下一件事情的時候，就必須打開手機。這不僅浪費時間，每次要看待辦清單時，都必須面對手機的誘惑。除了待辦清單以外，可能還會不知不覺打開信箱檢查信件，導致原本的高專注力瞬間歸零。

專注力一旦中斷，必須要花15分鐘才能恢復到原本的狀態。這真的是浪費時間，也浪費專注力的行為。

用手機管理待辦清單就像原本400公尺接力賽跑在第一名，結果接棒的時候棒子掉了，一口氣掉到最後一名。這種工作方式可以說效率就是這麼差。

同樣的，不列待辦清單也是一樣的情況。每當工作告一段落之後，就會開始想：「接下來要做什麼？」專注力一樣會被打斷。

我通常會把待辦清單列印出來，擺在書桌電腦的左側。這麼一來，每當要做下一件事情的時候，只要花0.1秒將視線往左邊瞄一下，就會知道接著要做什麼。換言之，**我可以在保持高度專注的狀態，以全力衝刺的速度順利將棒子傳給下一位跑者（任務）。**

【待辦清單的驚人好處2】杜絕「不小心忘記」的情形

列出待辦清單之後，一天當中會需要不斷地確認清單，這麼一來就不會再發生「不小心忘了那項工作」的情形。

舉例來說，早上在待辦清單上寫下「下午3點開管理會議」。這時候你會翻閱行事曆等並寫下預定計劃，透過「寫下來」和「確認」的動作，大腦便會留下印象。

接下來的一整天，你會不斷地確認這份清單，每一次確認的時候，「下午3點開管理會議」的文字都會再一次烙印在你的腦海裡，**等於在無意識間做了「複習記憶」的行為**。

到了下午，開始進行下午2點的任務時，你會再一次從清單上獲得提醒：「3點有管理會議，那就剩下1個小時而已。」像這樣一整天不斷地被提醒，自然就不可能發生「忘記3點要開會」的情形。

如果這樣還能忘記，表示你的「腦疲勞」程度已經非常嚴重，請多加注意。

舉例來說，沒有使用待辦清單的人，就算記得「今天傍晚5點之前一定要提交企劃書」，可是如果3點左右突然發生緊急狀況需要時間處理，就很有可能導致你沒有時間「製作企劃書」，等到5點之後才突然驚覺「完蛋了！已經過了提交企劃書的時間了……」而嚇到臉色發青。

但是，如果一開始就把「傍晚5點前提交企劃書」寫在待辦清單上，情況就會有所不同，因為這份清單會一直擺在桌上。

接下來的一整天，包括你在為了排除緊急狀況而打電話的時候，都會看到這份清單，因此當然也就不可能發生漏掉或是忘記的情形。

只依賴大腦來處理所有的訊息，一定會發生「一時想不起來」或「不小心忘記」的情形。但如果使用待辦清單，當天所有的預定計劃都能一目瞭然，「一時想不起來」和「不小心忘記」也就沒有趁虛而入的機會。

這裡的**重點是，待辦清單必須放在一眼就能看到的地方**，像是電腦鍵盤的左側，或是用磁鐵吸附在桌子正前方的白板上等，視線只要移動0.1秒就能看到。這一點非常重要，這樣就能完全杜絕「不小心忘記」的情形。

【待辦清單的驚人好處3】增加工作記憶的容量／工作更有效率

沒有寫待辦清單的人，當手邊的工作快結束的時候，就會開始想：「這個做完之後，接下來要做什麼？」

這時候大腦裡會浮現各種想法，例如「來寫要提交給A公司的資料好了。不對！應該先寫信聯絡B公司」。

事實上，這些都叫做「雜念」，會耗費大腦的工作記憶。換句話說就是會造成專注力下降，嚴重影響工作效率。

如果有待辦清單，接下來要做什麼只要看清單就會一目瞭然，也就不會有這些雜念產生。

即使出現「接下來要做什麼」的雜念，看一下桌上的清單，「啊對！接下來要做A公司的資料」，只要0.1秒，專注力就能繼續回到原本的工作上。這麼一來就能保留工作記憶的容量，以最快的速度交棒給下一份任務。

我再重申一遍，工作記憶容量不足是導致出錯的主因。工作記憶的剩餘容量愈多，「專注力愈高」且「愈不容易出錯」。

假設一天有10項以上的任務要完成，如果全靠大腦記憶、不寫下來的話，接下來大腦每隔5分鐘或10分鐘就會浮現各種念頭，例如「接著要做○○」、「還有○○也要做才行」、「啊！○○也不能不做」，完全無法專心工作。這就是大家常說的「慌亂」狀態。

因此，一天有多項任務要完成的人，或是容易慌亂的人，都應該善用待辦清單才對。

【待辦清單的驚人好處4】記得做確認

許多工作上的失誤，都是因為沒有「做確認」而引起的。

午休時已經看過行事曆，確認下午3點要開會，最後卻壓根不記得這回事，忘記出席會議。這種情形一般來說應該不會發生吧。

如果事前有做確認，就不會發生這種失誤。換句話說，要減少失誤發生，只要養成習慣「做確認」就行了。

所有跟「防止錯誤發生」相關的書籍，一定都會提到「務必做確認」的道理。可是大部分的人還是會疏於確認，這是為什麼呢？

其實這是因為，**經常出錯的人，連「確認」這件事情都會忘記**。即使平常已經養成習慣「做確認」，但是當工作一忙起來、人一慌亂，就會忘了做確認，最後導致失誤發生。

例如，一早工作就發生嚴重問題，你一直忙著回覆信件和接電話。最後一看時間，發現已經下午4點，你嚇得臉色發青：「完蛋了！忘記3點要出席會議……」平常你一定都會利用早上和午休的時間看行事曆確認行程，唯獨這一天，你忙到忘記「看行事曆」。

若要預防這種情況發生，最好的工具就是「待辦清單」。早上開始工作的時候，先把當天要做的重要工作全部列出來，並將清單列印出來，隨時擺在書桌的一旁。接下來就只要照著清單去做就行了。

既然清單上寫著「下午3點開會」，就一定不會出錯，因為在3點之前你已經好幾次確認過清單，不可能會忘記或疏忽。

換言之，**列待辦清單這件事本身就是一種確認的行為**。

其中尤其重要的是，記得把要確認的事物也一併列入清單中，例如「確認明天要用的資料」、「確認出差要帶的東西」等。

只要還沒有從清單上刪除，就會知道自己「尚未確認」。透過像這樣把「確認〇〇」當成任務列入待辦清單中，就能百分之百防止「忘記確認」的情形發生。

沒有習慣列待辦清單的人，不只會忘記「做確認」，也會忘記確認自己是否已經做過確認。

正因為如此，「列待辦清單」這件事本身就能讓你「養成習慣做確認」。經常因為沒有確認而出錯的人，請務必養成列待辦清單的習慣。

‖ 待辦清單管理技巧 ②首次公開的「樺澤式待辦清單」

傳統待辦清單的問題點

接下來要介紹的是待辦清單的具體寫法。

待辦清單的寫法非常多，其中最廣為人知、也最常見的應該是《*The 7 Habits of Highly Effective People*》（中譯本為《與成功有約：高效能人士的七個習慣》）的作者史蒂芬・柯維（Stephen R. Covey）所提倡的方法。

這種「與成功有約式待辦清單」所用的方法是，將要執行的任務依照「緊急程度」

和「重要程度」相乘之後得到的4個區塊來分類。

具體的做法是，首先把自己的任務（工作）分成以下4種類型：

A　既「緊急」且「重要」

B　「重要」但不「緊急」

C　「緊急」但不「重要」

D　既不「緊急」也不「重要」

接下來，將任務以A-1、A-2、A-3……，B-1、B-2、B-3……，C-1、C-2、C-3……，D-1、D-2、D-3……的方式寫在各個區塊中。

當初知道這個方法的時候覺得「好厲害！」，可是用久了之後，發現有些細節部分不符合我自己的習慣。

之所以這麼說是因為，**在「緊急程度」和「重要程度」的分類當中，完全沒有包含「專注力」的概念。**

所有工作都可以分成「需要專心的工作」和「不太需要專心的工作」兩種。

中午之前通常專注力比較好，適合做「需要專心的工作」。下午到晚上由於疲憊的關係，專注力比較差，不適合做「需要專心的工作」。如果在下午或是晚上勉強做「需要專心的工作」，所需的時間會是中午之前的2～3倍，效率非常差，而且出錯率也很高。

以「與成功有約式待辦清單」的方法來說，有些工作雖然需要專注力，但因為「緊急程度」和「重要程度」不高，所以被延後處理。這很可能導致早上做只需要1小時的工作，晚上得花3小時才能完成，效率非常差。

例如「1個月後截稿的新書書稿寫作」的任務會被分類為「B『重要』但不『緊急』」，但寫書稿需要高度專注力，如果被擺到傍晚之後才進行，花的時間將會是早上的3倍。

我自己的工作原則是，把「需要專心的工作」擺在專注力高的時段來完成。只要確實執行，就算是再辛苦的工作，也能在最佳狀態下完成，當然也就不會出錯或是失敗。

因此，我自己想出了一套有別於常見的「與成功有約式待辦清單」，而是以專注力為重點，再加上時間軸的**「樺澤式待辦清單」**。

這套「樺澤式待辦清單」並非只有我自己在使用，我主辦的「樺澤學堂」（學員數

6000人）的學員也會使用，而且深受好評。我還參考了學員們的使用意見進行改良，後來的改良版也已經有5000多人下載使用。

「樺澤式待辦清單」的用法

134～135頁的表格就是「樺澤式待辦清單」，另外還一併附上我自己某一天的實際清單。

「樺澤式待辦清單」不需要手寫，而是以「Word」檔案的形式在電腦上輸入，再列印出來使用。

早上開始工作之前先打開電腦，對照行事曆上的預定計劃，把當天要做的事情輸入成清單。

輸入完畢之後記得列印出來。接著，請將清單擺在桌上目光所及最明顯的地方，重點是要擺在只要移動視線就能看到的位置。

清單上的任務一旦完成，就用紅色的色鉛筆或紅色原子筆劃橫線刪除。直接毫不猶豫地刪除會比較有成就感，所以我都用紅色色鉛筆直接劃線。

到了隔天，**把前一天的待辦清單拿出來，用覆蓋的方式重新填入待辦事項。**用覆蓋的方式是因為這麼做可以在當下針對前一天的任務完成度進行評估，這是第一個原因。另一個原因是，對大部分的上班族而言，每天要做的工作幾乎不會有太大的變化，半數以上都跟前一天是同樣的工作。

如果是手寫，同樣的內容必須全部重寫一遍，太浪費時間了，所以只要在前一天的待辦清單檔案上，以添加或修改的方式覆蓋過去就行了。

一旦熟練之後，不用3分鐘就能輸入完畢。我自己只要1分鐘左右就能完成。

這裡有個小技巧。**不能等到坐到書桌前才開始思考「今天的工作」或「今天的任務」是什麼，可以利用搭電車或是走路到公司的途中，先想好當天要做的事情。**

我通常都是早上一起床就開始思考，或者是沖完澡之後，大概翻一下當天的預定計劃和任務。

接下來就只要在腦海裡列出「任務」就行了。先把當天要做的事情（任務）確認清楚，輸入電腦清單就會比較快。

如果打開電腦才開始想要做什麼，時間可能會花到5分鐘以上。

每天早上花1分鐘的時間完成待辦清單。這個早晨1分鐘的習慣，可以幫你一天省下好幾個小時的時間，而且從此跟犯錯和「不小心忘記」說再見。

列待辦清單時要謹記「3」的原則

接下來說明「樺澤式待辦清單」各個項目的填寫方法。

「AM」欄位填寫的是3件中午前要做的事情。

「PM」欄位填寫的是3件下午要做的事情。

每個欄位的第一行請填入「最需要專心的工作」。意思就是「早上一開始」和「下午一開始」就要處理的工作。

假使有緊急信件，或是開始工作之後就必須馬上回覆的信件，也可以把它寫在第一項。

以「專注力」為優先，但同時也要考慮到「緊急程度」和「重要程度」。用這種方式去思考「今天要先做什麼工作？接著再做什麼？」，再依序列成清單。

「每日」欄位要填寫的是每天要做的事情。我相信大家一定都有每天要做的事情，例如「收發郵件」或「提交工作日誌」等。

這些每天都要做的事情該什麼時候做，我想大家應該都很清楚，像是利用工作的空檔「收發信件」，下班之前「提交工作日誌」等。因此，這部分就不必在意時間，填在「每日」的欄位即可。

「工作空檔」欄位要填寫的是可以在10分鐘內完成等能利用空檔時間完成的任務。

「娛樂」欄位要填寫的是下班之後的休閒、興趣、娛樂、跟家人或朋友共度的行程等活動。

「其他」欄位填寫的是「既不緊急也不重要的任務」。或是當成「預備」欄位來看待，方便需要追加必須完成的工作時可以填寫。

〈圖6〉參考左頁範例來填寫屬於你的待辦清單

月　　日

AM1		
AM2		
AM3		
PM1		
PM2		
PM3		
每日1		
每日2		
每日3		
空檔時間1		
空檔時間2		
空檔時間3		
休閒娛樂1		
休閒娛樂2		
休閒娛樂3		
其他1		
其他2		
其他3		

〈圖7〉樺澤式待辦清單

	8月	25日
AM1	★	「專注力」第2章書稿寫作，15頁／列印校稿
AM2		
AM3		
PM1		校對稿子「日經Business Associe」（今日截稿）
PM2	◎	14點，電視台錄影（赤坂Biz Tower）
PM3		下回web心理塾講座預告文
每日1		更新YouTube／發行電子雜誌／更新部落格
每日2		訊息（小倉、種岡、旅行社）
每日3		
空檔時間1		預約飯店（馬德里）
空檔時間2		Amazon訂購西班牙旅遊書
空檔時間3		訂購影印紙
休閒娛樂1		19點，重量訓練
休閒娛樂2		21:10，電影《蜘蛛人》
休閒娛樂3		
其他1		整理書桌
其他2		
其他3		

填寫時的重點是，**每一項最多寫「3件」待辦事項**。

待辦事項最多寫「3件」的原因是因為，以大腦容量的角度來說，可以快速掌握全部的內容。

把中午之前的待辦事項縮減成3件任務，這麼一來即使不看待辦清單，也能掌握整個工作流程。

像傳統待辦清單那樣同時列出十多件任務的寫法，想要快速掌握全部內容是不可能的事。如果在中午之前有10件該做的任務，光是這些就不可能做得完，會造成大腦陷入慌亂。

因此，將任務縮減成3件，其他優先順序比較低的事情就寫在「空檔時間」和「其他」欄位，這樣就能更清楚明瞭快速掌握任務。

不過，能再進一步拆解的「單一工作」或「單一任務」，可以在同一行中進行拆解。舉例來說，如果只寫「A公司的案子」，會不知道具體來說要做些什麼，所以最好這麼寫：「A公司的案子（寫信給負責人／索取資料／製作報價單）」。

此外，類似的工作也可以彙整在同一行，例如「更新YouTube／發行電子雜誌／更新部落格」。

待辦清單大致完成之後，要再回過頭來重新檢視，在每一行的左邊格子裡，把「需要高度專注力的工作」加上「★」的符號。

接著，將「非常緊急的工作」和「非常重要的工作」加上「◎」的符號。有「★」或「◎」的任務，表示「必須比其他任務優先完成」。

製作屬於你自己的待辦清單

「樺澤式待辦清單」的Word檔案，可以從以下連結自行下載來使用。

http://kabasawa.biz/b/todo.html

「樺澤式待辦清單」最大的特色是，相較於傳統的待辦清單，多了「時間軸」和「專注力」，而且每個項目的待辦事項縮減到3項。

不過，請大家將這份待辦清單當成參考的範例就好。待辦清單的重點在於「對於接下來要做什麼工作能一目瞭然」。**大家可以把它調整成最適合自己的形式，製作出屬於自己、獨創的待辦清單來使用。**

Ⅱ 待辦清單管理技巧 ③ 休閒娛樂的待辦清單

製作興趣和娛樂的待辦清單

「樺澤式待辦清單」的「休閒娛樂」的欄位，要填寫的是休閒、興趣、娛樂相關的待辦事項。

我通常都是用類似「晚上9:10看電影」的方式來填寫，如果已經決定要看什麼電影，也會把片名也一併寫上去。這會讓我更有幹勁，告訴自己一定要在晚上9點之前把工作做完，而且一定要去看電影！實際上，不管工作再忙，我都可以在8點半完成工作去看電影。

如果不這麼寫的話，雖然心裡想著「工作若是早點結束，想去看場電影」，可是一旦埋頭在工作裡，不知不覺就會忘記這件事。

等到工作結束，一看時間，9點，電影早就開始了。這時候就會懊惱如果早半個小時結束工作，就能趕上電影……

對很多人來說，「工作」總是優先於「休閒、興趣和娛樂」，因此會在無意識間犧牲「休閒、興趣和娛樂」的時間，以「工作」為優先。

不過，我的想法是「工作」和「休閒、興趣和娛樂」都是平等的。只有工作的人生太無趣了，懂得享樂的人生才會充實。所以，不論是「工作」的時間，還是「休閒娛樂」的時間，都沒有優劣之分。只有全力以赴地工作，且全心投入玩樂中。

這麼一來，每天的壓力都能在當天完全獲得排解，不會累積疲勞和壓力，每天都能以最佳狀態去面對工作。

生活中確實保有休閒娛樂的時間和享受人生的時間，工作表現才會突飛猛進，所以不要忽略了「休閒娛樂」。

既然如此，在製作待辦清單的時候，記得要確實寫出「休閒、興趣和娛樂」方面的待辦事項。

只要寫在清單上，實現的機率高出3倍

像是「晚上9點和太太一起吃飯」之類日常生活事情，也應該寫進休閒娛樂的待辦事項中。很多人沒辦法每天和太太或家人一起吃飯，有些人一個星期一起吃飯的次數只有1、2次。

這種時候，只要把「晚上9點和太太一起吃飯」寫在休閒娛樂待辦清單上，一起用餐的次數就能增加到2倍左右。

待辦清單是一天當中會反覆確認好幾次的東西，所以會不斷看到「晚上9點和太太一起吃飯」的文字。假設9點要和太太一起吃飯，8點就必須下班。如果在傍晚5點確認待辦清單的時候，發現工作的進度不是很順利，知道再這樣下去的話，沒辦法在8點前下班，這時候下意識間就會告訴自己：「得加緊速度才行！」於是鬥志和專注力，以及工作效率自然就會提升。

很神奇的是，**像這樣善用「休閒娛樂待辦清單」，「所寫下來的任務」實現的機率就會提升2～3倍**。

以前在還沒有習慣寫「休閒娛樂待辦清單」的時候，我每個月頂多只會看2、3部

電影。可是，最近當我開始把看電影寫在「休閒娛樂待辦清單」上之後，每個月看的電影增加到7、8部，是之前的2～3倍。

只要把事情寫在待辦清單上，大腦就會不斷被「提醒」，最後實現的機率便會大幅提升。

工作上的待辦清單當然很重要，但除此之外，我希望大家能把讓人生更快樂的「休閒娛樂待辦清單」也納入每天的習慣。

Ⅱ 待辦清單管理技巧 ④ 白板工作管理術

提前擬定待辦清單

每天待辦清單雖然可以很清楚地知道接下來要做什麼工作，但不知為何就是沒辦法進入狀況開始工作，不知不覺地就開始滑手機或是收發郵件，做起一些跟工作無關的事情……大家也有這種情況嗎？

明明有該做的工作，卻在不知不覺間「分心或拖延」，導致遲遲無法開始作業，這麼一來工作當然永遠做不完。這種情況讓人非常困擾。

如果工作的時候經常分心，或是大腦一心二用，造成專注力不足，當然就有可能引發失誤。

這種時候，有個非常有用的方法可以確實防止這種「分心或拖延」的情形發生。

那就是這一節要介紹的**「白板工作管理術」**。

方法非常簡單，首先準備一個A3大小的攜帶式白板，一般的百圓商店就有賣。

在白板上寫下接下來要做的工作和時限。

例如，我會寫：「校對第2章書稿，中午12點前完成。」

字要寫大一點，佔滿整個A3大小的白板。寫好之後將白板放在自己的正前方，以我來說，由於我工作時會使用筆電，所以就把白板擺在筆電的正後方。請大家盡可能擺在自己的正前方位置。

「白板工作管理術」簡單來說，就是專注在待辦清單中的單一任務上。

一旦專注力中斷，「校對第2章書稿，中午12點前完成」幾個大字就會強行映入眼簾。人在感覺疲憊或是專注力下降的時候，視線一定會先離開電腦螢幕。這時候一看到「校對第2章書稿，中午12點前完成」幾個大字，就會告訴自己：「不行、不行！距離12點只剩下半小時，得加快速度才行！」專注力馬上就能從「分心」回到「原本的工作上」。

假如視線一離開電腦螢幕，馬上就看到手機，很可能就會興起「來看一下有沒有訊息吧」的念頭。這是因為，人類的特性會將眼前看到的東西視為雜念進入大腦。

既然如此，就讓**專注力中斷時映入眼簾的東西，變成當下的「任務」或「該做的工作」，這麼一來就能重拾專注力，意外地產生「還是得專心在眼前的工作才行」的心情。**

當任務結束之後，請擦掉白板上的文字。

完成自己的工作並將白板上的文字擦拭乾淨時，心裡會感受到一股「我辦到了！」的成就感和滿足感。

接下來就是再把下一個「該做的工作」或「任務」寫在白板上。

藉由寫下任務來提升動力

很多人心裡想著要開始工作，實際上卻一拖再拖，遲遲無法開始。這種時候不妨就把任務和時限大大地寫在白板上。

透過寫字來提升專注力，這一點在「PART 1」的「筆記技巧」內容中已經說明過了。更進一步來說，比起「在行事曆裡用小小的文字寫下待辦清單」或是「透過電腦鍵盤製作待辦清單」，「在大大的白板上，用大大的文字寫下該做的任務」的做法，提升專注力的效果更明顯。

不論是寫字的時候，還是寫完之後再回頭看，**在白板上用大大的文字寫出來，更會讓人有一種「非做不可」的感覺**，大家一定要試試看。如果這麼做還是提不起勁，那就試著在寫完之後大聲唸出來，例如：

「第2章書稿的校對要在中午12點前完成！跟它拚了！」

都做到這種地步了，應該會感受到原本「0％」的動力和專注力，突然一口氣上升到「20％～30％」。

這套「白板工作管理術」所運用的是心理學上所說的「認知失調」（cognitive

dissonance）。所謂的「認知失調」，意思是當內心同時存在著互相矛盾的認知時，人會感到不舒服（認知失調），於是會改變自己的態度和行動以化解這種認知失調。這是美國的心理學家利昂・費斯汀格（Leon Festinger）所提倡的一套理論。

如同白板上的文字，眼睛所接收到的認知是「校對第2章書稿，中午12點前完成」。可是另一方面，大腦對自身行為的認知卻是「沒有在校對書稿」。

這兩者很明顯地互相矛盾，所以會讓人感到極度不舒服。要化解這種「認知失調」，只有兩個辦法。

要不就是「開始校稿」，要不就是「擦掉白板上的字」。

由於一開始的規定就是「完成任務時才能擦掉白板上的字」，所以這時候還不能擦掉。這麼一來就只能開始校稿了。

大家試過這套「白板工作管理術」之後就會明白，它真的會讓你產生「不能不做」的心情而開始工作。實在讓人不得不再一次佩服心理學的厲害。

Ⅲ 進度管理技巧

納入調整日的進度管理技巧

加入「調整日」，讓心情上能夠更遊刃有餘

很多人的行事曆不只平日，就連假日也是行程滿滿。硬要說的話，就是那種行事曆上沒有塞滿行程就會感到不安的類型。

「沒有喘息時間」會對大腦的工作記憶造成壓力，導致容易犯錯，等於讓自己處於「犯錯的預備狀態」。換句話說，**「緊湊的行程」會使得犯錯的機率大幅增加。**

如果行程太緊湊，一旦事情沒有在時限之內完成，隔天又有原定的其他工作，那麼今天就算熬夜也得把事情完成才行。

緊湊的行程會導致下一個任務受到影響，在不斷勉強自己的狀況之下，結果將容易引發嚴重的失誤。

想要避免這種情況，我自己的方法就是善用**「調整日」**。我每個月會特地保留3天

的「無行程日」，差不多是每10天保留1天。

在調整日這一天，不會安排任何與人見面的行程，包括會面、開會或聚餐等，因此我可以從一早就開始專心處理工作，把落後的進度一口氣追回來。

假使沒有特別緊急的工作要處理，我會利用這一天整理書桌等工作環境，或是把平常忙於工作時不知不覺就擱著沒做的雜務，一口氣處理完畢。有時候我也會利用這天悠閒的時間來做些創意方面的工作，例如思考下一本書的內容。

總之，**有了「調整日」之後，我可以很容易地就把落後的工作進度追回來。**光是一天的調整日，就可以輕鬆地讓行程恢復原定的進度，在心情上也會變得比較遊刃有餘。

這是解決「忙碌」和「左支右絀」非常值得推薦的方法。不論是想要以自己的步調進行工作，還是減少失誤的發生，「調整日」都可以說是效果非常好的進度管理技巧。

「截止日期＋2天預備日」，給自己預留緩衝時間

一般人接到工作的時候，假設預測「這項工作可以在一個月內完成」，通常就會把截止日期設定在一個月後。可是，大家不覺得在截止期限之前確實完成工作並提交，是

一件很困難的事情嗎？

假設就算趕在截止日之前完成，但是最後幾天一直熬夜趕工，或是必須拜託對方將截止日順延幾天，都是非常辛苦的事情。

又或者，基於之前的教訓，即使把一個月能完成的工作安排在一個半月之後提交，但奇妙的是，最後還是花了整整一個半月的時間才完成，完全沒有變得比較輕鬆。

大家聽過「帕金森定律」（Parkinson's law）嗎？這是英國歷史學家與政治學家西里爾．諾斯古德．帕金森（Cyril Northcote Parkinson）所提倡的一套法則，其中第一條就是「工作會不斷拖延至填滿所有可用時間為止」。

也就是說，假設決定工作期限為「一個月」，最後就會花上整整「一個月」的時間。就算設定成「一個半月」，也是同樣的情況。如果是這樣的話，我們到底該怎麼做呢？

以我來說，會把截止日之後的2天設定為「調整日」，不安排任何行程。這是因為，假設無法在截止日之前完成工作，可能必須使用到「調整日」。即使在截止日之前完成工作，最後的幾天應該也很辛苦，這時候就可以利用「調整日」來好好休息。

在這裡很重要的一點是，不能一開始就抱著「反正有2天的調整日」的心態。一定要告訴自己或是對公司內部或外部宣告：「我一定會在期限內完成！」努力做到「嚴格遵守截止日期」。

像這樣給自己壓力，會促進提升專注力的腦內神經傳導物質正腎上腺素的分泌，讓自己能以高度專注的狀態快速完成工作。道理就跟小學生在暑假最後一天趕完暑假作業一樣。

「調整日」畢竟只是以防萬一的保險做法，若是一開始就依賴「調整日」，將無法刺激正腎上腺素分泌，到最後可能連「調整日」都用完了，工作還無法完成。

有了「調整日」，在最後衝刺時心情會進入緊張狀態，刺激正腎上腺素的分泌，使工作效率變得更好。另一方面，「調整日」同時也能作為「萬一最後做不完」時的因應對策，讓自己在心情上能夠比較從容。換言之，這可以說是一種讓人既不慌亂，也不會充滿壓力，一舉兩得的方法。

接近截止日的最後幾天如果陷入慌亂，犯下「嚴重失誤」的風險將會增加。

不過，只要事先設定好2天的調整日，就能創造「提高工作效率」和「防止犯錯」的雙贏效果。請大家也務必將調整日納入你的行事曆當中。

Ⅳ 工作管理技巧 ①

一個一個逐步進行的「氣泡紙」工作術

防止「腦袋一片空白」的方法

大家常會用「慌亂」這個詞來形容同時被指派好幾樣工作時的狀態。

「把修改好的企劃書檔案寄給大家」

「請總經理把今天的行程空出20分鐘」

「把昨天的會議重點整理成Word檔」

「請款的事再麻煩你盡快處理，拜託了」

「下個星期要接待客戶的餐廳和預約，還有要給與會者的伴手禮和回程的交通車等，再麻煩你安排一下」

每一件事情本身都不是太困難。

可是，如果同時接到這麼多指示，而且還有「今天下午4點前完成」等時限，真的會讓人十分慌亂。

如同我一再重申的，大腦的工作記憶容量頂多只有「3項」。**大多數的人如果同時聽到「3件」以上的事情，都會陷入混亂狀態。**

從腦科學的角度來說，「慌亂」的真正原因就是工作記憶超載。

知道「慌亂」的原因之後，要解決就簡單了。**只要空出大腦的「文件盤」就行了。**

一接到「把修改好的企劃書檔案寄給大家」的指令，馬上就在待辦清單中寫上「修正檔案，寄給A、B、C」。

假如你現在使用的是「樺澤式待辦清單」，現在桌上應該就擺著列印出來的清單才對。只要把任務寫上去就行了。

一接到「請總經理把今天的行程空出20分鐘」的指令，立刻就把「總經理，聯絡行程，20分鐘」寫進清單裡。

20個字以內的任務，寫起來應該花不到10秒鐘。

如果覺得「只是打通電話跟總經理說一聲而已，花不到1分鐘，不用寫了」，連10秒的時間都省不得花的話，最後可能會「不小心忘記」等犯下大錯。

假如手邊沒有待辦清單，也可以寫在備忘錄。總之，請養成習慣一有追加的工作，馬上就寫進待辦清單或是備忘錄。

寫完之後就忘了也沒關係，因為之後還會再看到。把任務寫下來的那一瞬間，大腦便會空出「1個文件盤」，使工作記憶多出更多可使用的容量空間。

像這樣**養成「做筆記的習慣」之後，工作記憶便能隨時空出容量，也就不會再有「慌亂」或是「腦袋一片空白」的情形發生了。**

任務要像「捏破氣泡紙」一樣一個一個逐步完成

同時做兩件事情會讓大腦的效率變差，容易出錯。這一點在「PART 1輸入」的內容中已經做了詳細說明。事實上，「輸出」的時候也是如此。

也就是說，**「不要同時做2樣工作」**。

舉例來說，主管請你「把修改好的企劃書檔案寄給大家」，於是你馬上將修正檔案寄給了A。

一分鐘之後，主管又回來跟你說：「快！現在打電話給總經理，請他今天空出20分鐘的時間！」因為主管說要「快」，所以你立刻停下手邊的工作，打電話給總經理。

電話打完之後，你繼續回到剛才的工作，把修正檔案寄給了C。

隔天，你接到B的電話，對方激動地問你：「為什麼只有我沒有收到修正檔案？！」

原本檔案應該寄給3個人，但是因為你中途停下工作去做別的事情，於是漏掉了「把檔案寄給B」的步驟。

為了避免這種情況發生，工作基本上要一件一件完成，這一點很重要。若是放下手邊的工作去做下一件事，通常都會發生類似的失誤。

這是因為大腦裡的文件盤只有3個。以上述的例子來說，「檔案已經寄給A了」的訊息會暫時保留在工作記憶中，可是當主管又另外交代其他幾件事情的時候，工作記憶便會超載，導致「檔案已經寄給A了」的暫時記憶消失不見。

工作可以說就像是「氣泡紙」這種緩衝包材

「氣泡紙」是一種以聚乙烯為原料、裡頭注入空氣的緩衝包材，專用來包覆容易破裂的物品。

大家應該都有捏過氣泡紙吧？不管多小的尺寸，要把氣泡全部捏破也不簡單。要完成這麼一件大工程，怎麼做才是最有效率的方式呢？

答案就是「一個一個捏破」。除此之外沒有其他辦法了。

我有一個自稱「比腕力從來沒輸過」的朋友，我曾經請他挑戰「捏氣泡紙」。氣泡紙的尺寸為20公分大小的正方形，他試著想要一口氣全部捏爆，可是當手一鬆開，還是剩下三分之一左右的氣泡沒有破掉。可見就算對自己的力氣再怎麼有自信，也沒辦法一口氣將氣泡全部捏破。

工作也是一樣。大家可能會覺得，工作能力好的人或是工作記憶容量比較大的人，可以同時做好幾樣工作。事實上，當你把工作拆開來看就會知道，其實他們是逐一完成每個「小工作」或「小任務」。

同時面對好幾個重要程度相當，難易度和所需的專注力也相同的簡單工作時，全心全力地專注在眼前的工作上，「按照順序逐一完成」，這就是最有效率，且能做得最好的處理方式。

Ⅳ 工作管理技巧 ② 不一心二用的「各個擊破工作術」

從戰敗的德軍身上學習「最有效率的戰鬥方式」

第二次世界大戰的時候，原本佔領法國、在戰爭中佔據上風的納粹德國，最後卻敗給了同盟國的軍隊。為什麼呢？

背後的原因有好幾個，其中最重要的一點是，德軍一方面持續和英國作戰，另一方面撕毀《蘇德互不侵犯條約》攻打蘇聯。

當時德軍以壓倒性的氣勢一路攻打至莫斯科，原本應該可以在冬天來臨之前輕鬆獲勝。可是，沒想到蘇聯軍隊頑強抵抗，使得冬用裝備不足的德軍在天寒地凍的蘇聯遭遇慘重損失。

德軍的做法簡單來說就是「兩面作戰」。西側和英軍對戰，同時在東側攻打蘇聯。這種分散戰力的做法，肯定是不利的。原本可以等到打敗英國之後再全力攻打蘇聯，卻因為一時大意，誤判情勢，以為能輕鬆戰勝蘇聯，才會讓自己陷入在戰略上萬萬不可行的「兩面作戰」。

面對敵人，一個一個解決才是最有利的做法，這個道理連小學生都懂。不過，就像連希特勒也會犯這種錯誤，在各位的公司裡，一定也經常發生這種情況。

舉例來說，跟A公司的合作案正在進行當中時，業務部又接了和B公司的大型案件，兩個大案子同時進行，造成人手不足，大家每天都在加班。

或是跟我一位商管作家的朋友C一樣，第一本書大賣之後，各家出版社的新書邀約接踵而至。C在開心之下，便同時和兩家大公司簽了新書合約。

光是寫一本書就已經很辛苦了，同時要寫兩本書，進度安排真的會要人命。最後，由於兩本書都沒有足夠的時間去寫，因此C的新書表現平凡，銷售成績也不甚亮眼。

聽到可以同時在兩家大型出版社出版新書，C敗給了自己的欲望，讓自己陷入「兩面作戰」的處境，最後慘敗。

談戀愛「劈腿」也是一樣，大部分都會以失敗收場。

不管是打仗，還是在商場上或是談戀愛，「兩面作戰」的做法必定會分散精力，導致專注力和工作表現雙雙下降。最重要的是，由於大腦輸入的訊息變成2倍，肯定會造成工作記憶超載而頻頻出錯，最後一定會演變成不好的結果。

專心在眼前的工作，先徹底擊敗眼前的敵人之後，再接著迎戰下一個敵人。這種戰略稱為「各個擊破」。

不只在戰略上、在工作上，或是從腦科學的角度來看，「兩面作戰」絕對不會成功。**大家一定要時時謹記「各個擊破」的策略，全心投入眼前的工作。這可以說是最能提高勝率，並減少犯錯和失敗機率的戰略。**

IV 工作管理技巧 ③ 零擱置、零犯錯的工作術

「擱置」的當下就要立刻把事情追加到待辦清單中

「下個禮拜要出差，得先來訂飯店才行。不過現在有點忙，待會再訂好了。」

可是，後來完全忘了「待會再訂」這回事，到了出差前一天才驚覺「糟糕！還沒訂飯店！」。趕緊上網預訂，可是當天似乎因為有大型活動，每間飯店都客滿，完全訂不到房間……大家也有這種經驗嗎？

心裡想著「待會再做」，後來卻忘了，等到發生問題或是被投訴，才發現自己犯下「疏忽的錯誤」。這種因為「暫時擱置」而導致犯錯的情形，是很常見的一種失誤。

「工作太忙」的時候，由於大腦的資源不足，因此即使以為自己「記得」，但其實完全沒有記憶。這可以說是太依賴自己的記憶所造成的疏失。

有個方法可以完全避免這種「擱置」造成的疏失，就是**把「暫時擱置」的事情，在「擱置」的當下立刻就寫進當天的待辦清單**。

例如，一旦有「等一下再訂飯店好了」的念頭時，立刻在待辦清單上加上「預訂出差的飯店」。寫幾個字而已，應該花不到10秒鐘的時間。

只要把這個動作養成習慣，就不會再發生因為忘記「暫時擱置」的事情而造成疏失的情形。

由於一天當中會不斷反覆檢視待辦清單，例如午休時間查看清單的時候，想起來飯店還沒預訂，這時再趕緊預訂就行了。

在「樺澤式待辦清單」的使用方法當中，完成的任務會刪除，尚未完成的任務則會繼續留到隔天。也就是說，只要還沒完成，任務就會一直被留在清單上。今天沒時間做，只要明天將任務完成就行了。

回覆信件等也是一樣，只要「暫時擱置」，立刻就要寫進清單，例如「回信給A」。不只是重要任務，包括小事情在內，**一旦「擱置」，請務必追加至待辦清單中。這種做法真的可以完全避免「擱置」造成的疏失**。

Ⅳ 工作管理技巧

④ 不追求滿分的「目標30分工作術」

追求滿分只會讓自己離滿分愈來愈遠

我開辦了一個名叫「網路心理學堂」的學習社團，這是一個透過學習網路和社群媒體，以實現講師或出版作家的目標。目前的會員人數有600人，每年都有約20名以上的學員能出版個人的第一本著作。

我在寫書的時候，從開始寫稿到完成，大約只需要一個月的時間。不過，第一次寫書的人通常寫稿速度都非常緩慢，三個月能寫完就算快了。大多數的人都會花到半年以上的時間，有時候甚至還會長達一年以上。為什麼寫稿的時間會有5～10倍的差異呢？

新手作家之所以寫稿太慢，原因就在於他們會以「滿分為目標」來寫稿。第一次寫書的人通常會充滿鬥志，認為既然要寫，當然就要寫出一本最完美的書。結果導致一天寫不到幾張稿紙。

我自己寫稿通常都是「以30分為目標」開始下筆。也許有人會吐槽30分的鬥志太低，不過這的確是事實。

正確來說，我的目標是**「以30分的完成度先完成書稿」**。「30分」這個數字其實一點都不重要，20分也可以，40分也行，重點是「先完成書稿」。

寫完之後，接著將書稿列印出來做潤飾和修改，也就是進入「修稿」的作業。第一次修稿的時候，將書稿從30分修改到50分。第二次修稿再從50分磨到70分，第三次修稿再提升到90分。大概是這樣的概念。

如果一開始就追求滿分，勢必一下筆就得寫出完美的文章才行。這對新手作家而言根本辦不到，只會讓自己下不了筆，白白浪費時間而已。

總之，必須先全部寫完，才有辦法看出文章的前後脈絡等。也就是說，沒有人一開始就能寫出滿分的書稿。

因此，就算是稚拙的文章、滿篇錯漏字也不要緊，應該要先寫完整份書稿，然後將更多時間用在「修稿」上。

一開始就想寫出好文章的人，通常到最後時間都不夠用，以至於沒有足夠的時間「修稿」。結果因為沒時間「檢查」，導致錯誤發生。

以我的「目標30分工作術」的做法來說，假設4個星期完成一份書稿，我會先花2個星期的時間全部寫完，剩下的2個星期就用來「修稿」。總之，花足夠的時間來「檢查」，便能使出錯率趨近於零。

各位在工作上製作任何文件的時候也是一樣，不要一開始就追求完美，先完成整份內容，接著再針對細節去做修改。也就是「整體→細節」的作業順序。

若一開始就追求滿分，最後往往會因為時間不夠而無法做到滿分。

相反的，像這樣**以「一開始30分就好」為目標，結果反而能完成滿分的作品。**

PART 2
行動清單

- 避開專注力容易下降的時段和星期，利用大腦清醒的時段來工作。
- 善用結合了「緊急程度」、「重要程度」和「專注程度」的「樺澤式待辦清單」。
- 將興趣和休閒活動也寫進待辦清單中，提升實現率。
- 利用「調整日」讓自己在工作上更遊刃有餘。
- 最理想的工作方式是先以**30**分為目標，然後再進一步調整至完美。

PART 3
思考

全速運作的大腦
取決於「自我洞察力」

維持不疲倦的無敵生產力的方法

察覺自我專注力和大腦疲勞程度的「自我洞察力」，是決定大腦工作表現的關鍵。
本章將介紹維持大腦全速運作的實際具體方法，包括「筆記技巧」、「社群媒體活用技巧」和「思考方法」。

鍛鍊「自我洞察力」以保持專注力

從根本提升專注力的方法

前兩章分別以「輸入」和「輸出」為切入點，說明了在實際的工作、學習和作業中，提升專注力的具體方法。

實際嘗試過這些方法的人也許會這麼說：

「我試過很多方法，但總覺得專注力還是不太穩定。」

事實上，針對「輸入」和「輸出」提升專注力的方法雖然能立即見效，實踐的當天就能發揮效果，但如果是「本身專注力不足，容易分心的人」，只要環境或身體狀況一改變，專注力的起伏就會非常大。想要擺脫這種體質並不容易。

「輸入」和「輸出」方面的控制，就像是醫學上所謂的「對症療法」，雖然能立即

見效，但並不是針對根本原因進行治療。

因此，本章從「思考」的角度要介紹給大家的是，從根本來治療容易分心的思考模式，也可以稱為「根治性療法」。

培養「維持專注力的思考」能讓出錯率降至最低，即使犯錯也能快速修正。這麼一來，就會對自己產生十足的信心，不再害怕犯錯或失敗。

所謂能使專注力穩定發揮的思考模式，最重要的關鍵就在於「自我洞察力」。

「察覺自身狀態的思維」是關鍵

前面「INTRODUCTION」的內容中提到專注力下降的3個原因。

分別是「受到一日節奏與疲勞的影響」、「受到腦疲勞和壓力的影響」和「工作記憶效能下降」。只要能徹底排除這3個原因，以理論上來說，就能持續維持高度專注力和生產力。而且，這是可能的。

(1) 我現在的專注力是高還是低？

(2) 我的工作記憶效能是高還是低？

(3) 現在我的大腦感覺疲倦嗎？

(4) 最近是否能有效利用高度專注的時間？

倘若自己能正確評估以上4個重點，就能快速察覺到專注力下降的情況以恢復表現。

「最近睡眠不足，感覺很累，再加上今天一直在工作，整個人處於非常疲累的狀態。所以，現在如果要檢查財務報表會非常危險，因為那是連一塊錢都不能出錯的重要工作。今天還是先好好地睡一覺，明天早上再來完成吧。」

或者，「已經連續工作3個小時，現在已經沒辦法專心了，文件的最後檢查就等稍微休息過後，吃完便當再來做吧。」只要能像這樣正確察覺「自己現在的生產力正在下降」，就能避免那些情況。

我把這種自我監控的能力稱為「自我洞察力」。

在心理學中，反省自我內心的運作或狀態稱為「內省」。自我反省能力好的人也可以說是「具有強烈的內省傾向」。順帶一提，心理疾病患者大多「內省傾向較弱」。

「內省」的說法並不常見，大家應該不太能理解，所以這裡我會使用「自我洞察力」的說法。說到「內省」，主要是指針對「內心」和「心理層面」的反省能力。因此這裡所說的「自我洞察力」，大家可以把它理解成同時監控「內心」和「身體」的能力。

「保持專注力的思維」主要透過以下3個步驟來進行。

【步驟1】自我洞察

「我現在精神好不好？會不會覺得累？」

「我現在的專注力是高還是低？」

「我現在的狀態是適合工作的最佳狀態嗎？」

「現在可能會發生哪些錯誤或失敗？」

【步驟2】查明原因

「為什麼會犯下這次的錯誤？原因是什麼？」

「是『工作記憶效能下降』、『受到腦疲勞和壓力的影響』、『受到一日節奏與疲勞的影響』當中的哪一個？」

「假如現在覺得很累，原因會是什麼？」

【步驟3】擬定對策

「如果覺得很累，我可以做什麼來恢復精神？」

「我現在能做什麼來避免可以發生的錯誤？」

「萬一發生錯誤或失敗，我該如何應對？」

「我現在可以做什麼，以減少損害和傷害？」

「為了避免同樣的錯誤再度發生，今後我該怎麼改善？」

以上就是「保持專注力的思維」的進行步驟。

習慣隨時在腦海裡這麼自問自答之後，自然就不會再害怕犯錯。

因為你幾乎不會再犯錯，就算發生錯誤，只要依照事前想好的應對方式冷靜處理就行了。

為了讓這個「保持專注力的思維」的過程能夠進行得更順暢，必備具備的就是「自我洞察力」。

如果一開始的「自我洞察」做錯，接下來的「查明原因」和「擬定對策」也會跟著一路錯下去。

「自己的狀態，自己最瞭解」是大錯特錯的想法

如果跟憂鬱症患者說：「要多瞭解自己的精神狀態和身體狀況。」得到的回答通常都是：「放心，我自己的狀態，我自己最瞭解。」

「自己的狀態，自己最瞭解」，這完全是自以為是的想法，因為人不可能正確掌握自己的內心和身體的狀況。

如果能夠正確掌握自己的內心和身體的狀況，應該就不會得憂鬱症了吧。當自己從「健康」邁向「腦疲勞」的第一步，馬上就察覺「自己有點累」，於是提醒自己多休息。光是這樣，就能防止「腦疲勞」進一步演變成「憂鬱症」。

以我自己遇過的患者為例，男子A年約40幾歲，初診是在太太的陪同下一起來的。和A面談了約1個小時之後，我發現他有意志消沉和抑鬱等典型的憂鬱症狀，以程度來說大約是中度至重度。雖然還不需要住院，但若是放任不處理，情況可能會演變成需要住院的程度。以狀態來說並不樂觀。

於是，我告訴A：「你目前已經出現典型的憂鬱症狀，很難再繼續工作下去，不妨就暫時先跟公司請假，好好休養吧。我再幫你開1個月的在宅療養診斷書。」

沒想到A說：「不用、不用，我沒事！我明天還是會去上班，不需要診斷書。」

也就是說，精神狀態都已經「幾乎快需要住院」了，但A自己卻覺得「沒事」。

另外，在職場上也經常發生這種例子。B課長察覺原本做事嚴謹的下屬C最近的文件資料經常出錯，讓他非常擔心。就在這時候，C竟然忘了出席跟客戶的重要會議。

B課長把C叫來，說：「你竟然忘了跟客戶約好的會議，這是怎麼一回事？對方可是氣得說要解除合約！你最近提交的資料也有很多錯誤，你是不是太累了？」

C回答：「我沒事，一點都不會累。我只是稍微疏忽而已，以後絕對不會再犯同樣的錯誤。」

C這樣的狀態，該怎麼看待才正確呢？依我的診斷，這可能是重度的「腦疲勞」或是輕度的「憂鬱症」，已經到應該至身心科接受診斷的程度。然而，當事人自己的感覺卻是「沒事」，和實際情況落差非常大。

這很明顯地是自我洞察力出現了問題。

像這樣說自己「沒事」的人，通常大部分都不是「沒事」。

比起實際的症狀，大多數來身心科求診的患者都認為自己的情況「非常輕微」。明明是症狀很嚴重的患者，卻一副不要緊的樣子說：「我沒事，不需要住院。」或是「我沒事，不需要吃藥，也不必再回診。」

也就是說，自我洞察力低落的人完全不會發現自己正在「逞強」，因此，即便情況已經很嚴重也不會察覺，完全沒發現自己已經罹患精神疾病。而且，罹患精神疾病會導致自我洞察力變得更加低落，更無法做到自我覺察，就這樣陷入了惡性循環。

還有些人會說「我自己的狀態，自己可以判斷」，這也是另一個天大的錯誤。

有一項研究針對實際的「睡眠時間」和自己覺得是否「有睡著」兩者之間的關係進

行調查，結果發現**愈是睡眠時間不足的人，都會覺得自己「有睡著」**。由此可知，一旦睡眠時間不足，自我洞察力就會出現問題。

由於自我洞察力已經無法正常運作，因此就算睡眠時間明顯不足，自己還是會做出「有睡著」、「沒有睡眠不足的問題」的錯誤判斷。

當人處於「最佳狀態」或是「健康」狀態的時候，通常對「自己的狀況」都能有一定程度的正確瞭解。可是，一旦開始出現「腦疲勞」的症狀，自我洞察力就會下降，讓人變得不知道自己是不是處於疲累的狀態。

有些人在黑心企業上班，由於睡眠不足和疲勞的積累，導致身體出現「憂鬱」的症狀，但自己卻以為是因為「工作太忙碌」所導致，於是放任不管。如此一來，最後情況會逐漸惡化成「憂鬱症」，甚至最壞的情況還可能演變成「自殺」的悲慘結果。

如要避免這種情況發生，平時就要盡可能提升「自我洞察力」。這麼一來，當身體狀況變差時，便能客觀地觀察自己的狀態，察覺腦疲勞最初期的症狀，例如「感覺有點累」、「睡眠不足」、「不太能集中注意力」、「最近常犯錯」等，並早一步做出應對。

會說「我累了」的人，其實是健康的

前面提到的**明明身體狀況不好，卻說自己「沒事」的A和C，他們的心理狀態以心理學用語來說稱為「否認」**。

所謂的「否認」，指的是當有人告訴你正確的事情時，下意識地就想否定的一種心理反應。即使自己其實感到疲憊，但出於「不想承認」或「不想被人知道」的心理，於是下意識地做出「全盤否定」的反應。這就是否認。

舉例來說，經過各項檢查之後，主治醫師向病患宣告：「你得癌症了。」這時候病患如果說「我不是癌症。我不信任這家醫院，我要到大間一點的醫院再做一次檢查」，也是一種否認的心理表現。

當心理或身體處於生病的狀態時，身體的監控能力會無法正常運作，導致人無法正確地做到自我洞察。

假設C的情況發生在自我洞察力敏銳的D身上，會變成怎樣呢？

B課長：「你竟然忘了跟客戶約好的會議，這是怎麼一回事？對方可是氣得說要解除合約！你最近提交的資料也有很多錯誤，你是不是太累了？」

D：「真的很抱歉！最近因為一直加班，睡眠時間不足，所以行事曆上的開會時間寫錯了。我會注意以後不再犯同樣的錯誤！」

換作是自我洞察力敏銳的D，會承認「自己累了」，而不是否認狀況。

一直說自己「沒事」的人，根本就不是「沒事」。相反的，能夠坦然承認「自己累了」的人，其實才是健康的人。

接下來的內容將介紹包括「提升自我洞察力的思考方式」、「原因探究思考」、「確認思考」、「數據化思考」等各種掌握「保持專注力的思維」的具體方法。

筆記技巧 3分鐘打造正向思考的「正向腦筆記術」

透過書寫客觀審視自我狀態

看完上一節的內容，相信現在大家都已經瞭解提升自我洞察力的重要性了。

那麼，具體來說該怎麼做呢？

答案就是：**寫日記**。我認為這是最有效的方法。

大家也許會覺得每天寫日記很累，所以在這裡我要介紹一種3分鐘就能完成的日記療法。

請寫下今天發生的事情當中讓你覺得「痛苦的事情」和「開心的事情」，各寫出3件事。只要做這件事就好。

所謂「痛苦的事情」，指的是會引發負面情感的事情，例如「辛苦的事情」、「可惜的事情」、「不愉快的事情」、「工作上的失敗」等。

相反的，「開心的事情」就是指會引發正面情感的事情，像是「開心的事情」、「高興的事情」、「愉悅」、「快樂」、「歡笑」、「工作上的成功」等。舉例來說，大概就像以下這樣。

【痛苦的事情】

- 早上的電車比平常還要擁擠
- 文件出錯被主管罵
- 工作提不起勁

【開心的事情】

- 午餐吃了一家沒吃過的拉麵店，結果非常好吃
- 簽到新合約了
- 租借的DVD電影意外地有趣

像這樣先寫「痛苦的事情」，接著再寫「開心的事情」，這麼一來，寫完之後便能以「開心的事情」所帶來的積極、開朗的心情作為結束。如果最後才寫「痛苦的事情」，寫完之後負面的情緒會一直久久不散。

剛開始嘗試的時候，每一項只簡單寫一行也沒關係。一件事寫一行，3件「痛苦的事情」加上3件「開心的事情」就有6行了。比起寫得長，每天持續地寫才是重點。養成習慣每天回顧一整天發生的事情，練習面對自我。這個過程就是在鍛鍊自我洞察力。

剛開始可能寫得出3件「痛苦的事情」，可是怎麼也寫不出「開心的事情」。但即便如此，再小的事情都可以，請一定要想辦法寫出3件「開心的事情」。

例如「睡得很熟」或「早上醒來覺得神清氣爽」之類的小事情都可以。只要檢視自己的身體和心理，回想狀態是好是壞，一定能寫出很多東西。

「痛苦的事情」不必勉強一定要寫出3件，如果想不到，也可以寫「沒有」。反之，**「開心的事情」寫愈多愈好，5件、10件，盡量寫愈多愈好。**

即使一開始寫不出來，但每天持續地寫，漸漸地會愈寫愈多。如果想寫得更多，不必拘泥於一個項目只寫一行，要寫5行或10行也行，可以盡情地具體寫清楚。

每次我請患者嘗試這種**「3分鐘日記療法」**，一開始大家幾乎都寫不出來。或者很常見的一種情況是「痛苦的事情」寫了很多，「開心的事情」卻一件也寫不出來。

但是，經過1個月、2個月持續不斷地寫之後，漸漸地大家都能愈寫愈多。如果有很多想寫，我也會請對方盡情地寫。神奇的是，有些一開始連一行都寫不出來的患者，在持續寫了3～6個月之後，後來甚至可以一天寫出一整頁的內容。

當開始面對自己，面對自己的想法和情緒感受，就會有愈來愈多想寫的事情。**等到能一天寫出一整頁內容的時候，就算是疾病，也會以驚人的速度恢復痊癒。**

這是因為透過寫這種日記，自我洞察力會有明顯的提升，讓人開始能夠正確掌握自己心理和身體的狀態。

每天寫日記能讓自己明確知道，自己現在的狀態是「正在好轉」還是「逐漸惡化」。自己的想法和情緒，「痛苦」、「疲倦」、「難受」等模糊不清的感受，也可以透過轉換成具象化的「文字」，讓每個人都能注意到自己身上發生的「變化」。

一旦能察覺到自己的心理症狀已獲得改善、病情正在好轉，接下來復原的速度就會變得非常快。

怎麼樣呢？一開始也許會覺得很麻煩，不過「3分鐘日記療法」確實是提升自我洞察力最有效的方法。

自我洞察力獲得提升的同時，思維方式也會變得積極正向，讓你可以在自己的人生中發現更多「開心的事情」，想法和行動也會變得愈來愈積極。

11 社群媒體活用技巧　培養正向思考的「X（Twitter）術」

透過寫短文日記來訓練腦力

「3分鐘日記療法」只要持續地寫，一定能看見效果。但即便如此，還是有很多人會說每天寫日記實在太難了。如果是這類型的人，建議可以善加利用X（Twitter）等社群媒體。

方法就是，每天晚上將當天發生的事情當中印象最深刻的事情，以日記的方式寫下來。

一開始只要寫200字左右就夠了，習慣了之後就能寫到400字以上，寫日記也會變成一件讓人欲罷不能的開心事情。

用X（Twitter）來寫日記因為會得到追蹤者的「讚」或是留言，所以比較容易維持動力。有了周遭的人的鼓勵，就能開心地繼續寫下去。

日記最好以「開心的事情」為主，不要說人壞話或是誹謗中傷他人。如果真的想要批評他人以發洩壓力，可以手寫在沒有人會看到的「筆記本」裡。

寫在社群媒體上的東西，由於不知道有誰會看到，因此基本上最好以正面的內容為主。這也可以當成一種「正向思考」的練習。

將自己所想的事情和感受轉換為文字語言。這對自我洞察力也有提升的作用，所以並不是非要「寫日記」不可，只要「寫出自己的想法」，都能獲得同樣的效果。

例如，我每讀完一本書都會寫書評，看完電影也會寫下感想，並且將這些內容發布到X上。讀完書之後自己有什麼想法？看完電影之後自己有什麼感受？只有認真面對自己並深入思考，才有辦法寫出文章。因此，寫書評和影評同樣也是一種很好的自我洞察力的訓練。

≡思考技巧 ①避免「忘記帶東西」的「『紙本』確認思考術」

只要超過「5」樣，就把東西列成「檢查清單」

我從6年前就開始嘗試重量訓練，剛開始上健身房的時候，經常會「忘記帶東西」。因為上健身房一定要帶「訓練鞋」、「T恤」、「短褲」、「運動襪」、「運動毛巾」、「換洗貼身衣物」、「沐浴用品（洗髮精、潤髮乳、肥皂）」、「浴巾」、「水（瓶裝水）」、「保健食品」等一共10樣東西。

有時候預約的時間快到了，慌亂中急著出門，不知不覺就會漏掉某樣東西沒帶。雖然健身房也有提供「訓練鞋」、「T恤」和「短褲」的租借服務，但是一樣東西就要500日圓。

因此，我一直在想有沒有什麼方法可以避免忘記帶東西，最後我想到的方法就是，製作下列的**「攜帶物品檢查清單」**，並貼在牆上提醒自己。

「健身房訓練攜帶物品檢查清單」

- 1：訓練鞋
- 2：T恤
- 3：短褲
- 4：運動襪
- 5：運動毛巾
- 6：換洗貼身衣物
- 7：沐浴用品
- 8：浴巾
- 9：水（瓶裝水）
- 10：保健食品

每次要上健身房之前，我就會根據這張「攜帶物品檢查清單」，一一確認東西是否已經全部放進背包裡。自此之後就再也沒有發生過「忘記帶東西」的情形。

因為「攜帶物品檢查清單」已經列出所有一定要帶的東西，只要對照清單確實檢查，絕對不會發生「不小心忘記」的情形。

之前說過人的大腦最多只能記住「3樣」東西，一旦超過5樣，記憶就會變得相當模糊。而上述的情況甚至多達「10樣」東西，若是要仰賴記憶，從工作記憶的容量來思考，可以說一定會出錯。

因此，「攜帶物品」或是「要準備的東西」如果超過5樣，最好製作檢查清單，把所有東西列出來寫在紙上，而不是仰賴記憶。

只不過，最糟糕的情況也有可能是「忘記檢查」，所以最好把「檢查清單」貼在家裡醒目的地方或是牆上，這麼一來就能把「忘記帶東西」的機率盡可能減少到最低。

我每個月都有好幾場講座或是演講，而且幾乎都是我自己主辦，不是受人之邀，因此講座所需的物品都必須自己準備。

包括筆記用品、指示棒、參加者名單、調查問卷、宣傳單、零錢、收據、名片、延長插座、延長線等，總共多達25項。

剛開始我都是靠記憶來準備，每次都一定會忘記至少一樣東西。因此，後來我做了一張「講座攜帶物品檢查清單」，在講座當天要出門之前先做確認，對照清單一樣一樣檢查，準備好的東西就用原子筆在清單上打勾。

從此之後，果然再也不會「忘記帶東西」了。

如果沒有製作「攜帶物品清單」，要光靠大腦記住25樣東西，根本不可能辦到。

各位平常在準備任何跟工作有關的東西時，是不是也都是憑空準備，事前沒有製作「檢查清單」呢？

如果要準備的東西超過5樣，請務必列成清單，並在最後一刻進行確認（檢查）。養成這種習慣之後，就能確實避免「忘記帶東西」的情形。

「出錯2次」就是應該製作檢查清單的警示訊號

善用檢查清單的方法不只能用在「忘記帶東西」的情形，也適用於所有的事情。

舉例來說，假設你在公司負責的是「出貨」的工作，在「出貨」上經常出錯。這時候你應該做的是，列出容易出錯的要點，做成一份自己專用的「出貨檢查清單」。之後只要養成習慣在「出貨」前務必拿著這份清單，用原子筆一一檢查確認清楚之後再出貨，就能把「出貨」相關錯誤的發生機率盡可能減少至最低。

如果同一件事情或是同一項工作，出現2次以上的類似錯誤，就可以算是非常「容易出錯的工作」或「非常容易出錯的事情」。若想避免第3次犯錯，不妨可以給自己立下「出錯2次就要製作自己專用的檢查清單」的規定。

正因為總是依賴自己的記憶，或者總覺得已經做過確認，所以才會發生嚴重疏失或是錯誤。想要防止這些情形發生，方法就是事先做好檢查清單，並列印出來，然後照著清單一項一項確認，沒問題了才打勾。換言之，只要透過結合「紙本」和「書寫」的方式實際動手進行確認，就能把犯錯的機率降低至幾乎為零。

Ⅲ 思考技巧 ② 消除不安的「未雨綢繆思考術」

消除「擔心犯錯」的心情

我想，正在閱讀本書的各位，應該很多都有專注力方面的困擾，會擔心「萬一出錯了怎麼辦」或是「萬一失敗了怎麼辦」。為了想要消除這些煩惱，所以才會讀這本書。

從腦科學的角度來說，不安其實跟「杏仁核的活躍」有關。杏仁核持續活躍會導致大腦疲勞，注意力和專注力下降。換言之，一直擔心「萬一出錯了怎麼辦」，反而是引發錯誤的最大原因。

那麼，要怎麼做才能消除「萬一出錯了怎麼辦」的雜念呢？方法其實很簡單，**只要把「萬一出錯了怎麼辦」的想法轉換成「萬一出錯了就這麼辦」就行了。**

「萬一出錯了怎麼辦」的擔心不會有結束的一天，既然如此，那就假設錯誤或失敗已經發生，事先想好這時候該怎麼應對，也就是「出錯時的因應對策」。

舉例來說，假設明天必須得面對100人做簡報，你很擔心萬一到時候腦袋一片空白，說不出話時該怎麼辦。這種時候，你可以先想好對策。

- **喝一大口水以拖延時間。**
- **為了讓自己知道下一張投影片的內容，事先準備好所有投影片的清單，若是說到一半卡住就能看清單提醒自己。**
- **大口深呼吸。**
- **跳過忘記的部分繼續往下講。**
- **準備小故事，需要的時候利用講小故事來拖延時間。**

當自己又開始擔心「萬一出錯了怎麼辦」的時候，請在心裡告訴自己：「只要照著準備好的對策去應對就行了。」這樣就能避免不安的心情繼續膨脹。

這麼一來，模糊的「感受」就會轉換成「該做的事情」和「對策」。萬一出錯或是失敗，只要照著「該做的事情」去行動就行了。

有句話說「未雨綢繆」，**面對錯誤也是一樣，透過上述的方法先準備好「未雨綢繆之計」，就算真的跌倒了，也不會造成重傷。**

我們可以透過事先好好地想清楚「錯誤發生後的因應對策」來獲得安心。以結果來說，這麼做能避免犯錯。換言之，「犯錯對策」將成為你應對錯誤的「保險」和「護身符」，為你提供協助。

Ⅲ 思考技巧 ③ 排除雜念的「例行儀式思考術」

透過「做跟平常一樣的事情」來打造最強專注力

上一節提到，「萬一出錯了怎麼辦」的雜念可以藉由轉換成「該做的事情」和「對策」來加以排除。這種「未雨綢繆」的思考方式雖然能帶來驚人的效果，但即便如此，還是很難完全排除「萬一出錯了怎麼辦」的雜念。

人在緊急和壓力之下，大腦的杏仁核會過度活躍而引發「不安」的心情，除此之外還會不由自主地浮現「萬一出錯了怎麼辦」的雜念。

不過，有個方法可以把這股雜念徹底清除乾淨，就是透過**「例行儀式」**。

運動選手能在重要的比賽中踢進關鍵球，或是在關鍵時刻擊出安打。然而，大家注意到的是，在重要比賽中做出亮眼表現的他們背後，其實都存在著某種「例行儀式」（事先決定好的動作或工作）。

舉例來說，在二〇一五年的世界盃橄欖球賽中，日本代表隊的FB五郎丸步選手在踢罰球前做出的兩手食指相碰的動作便引發話題，成為許多孩子模仿的對象。

另外，前美國大聯盟選手鈴木一朗站上打擊區時，也會做出將球棒擺向前方，左手拉住右邊袖子的動作。除此之外，大家還知道他會從比賽時間反推決定睡覺時間和吃飯時間，甚至連球棒的擺放方式都有一定的堅持。

這些頂尖選手常做的「例行儀式」，從腦科學的角度來看，都具備提升專注力以消除雜念的效果，這一點是無庸置疑的。

大家可以試著模仿五郎丸選手的動作看看。

將球擺好，做出兩手食指相碰的姿勢之後，下一秒立刻踢球射門。

接下來，在模仿選手的動作時，請試著唸3遍「萬一出錯了怎麼辦」、「萬一出錯了怎麼辦」、「萬一出錯了怎麼辦」。

我想應該辦不到吧。

如果大腦想著要唸出「萬一出錯了怎麼辦」，儀式動作就會做不好。相反的，所謂做出儀式性動作，意思就是大腦的工作記憶全部會被「做出儀式性動作」給佔據。

由於大腦的工作記憶（3個文件盤）已經被「先把球擺好」→「接著做出儀式性動作」→「立刻踢球射門」的流程給佔據了，自然就沒有多餘的空間讓「萬一出錯了怎麼辦」的雜念有入侵的機會。

在「專注單一任務工作術」（70頁）的內容中曾提到，人的大腦無法一心多用。也就是說，**大腦沒辦法同時執行「做出儀式性動作」和「想著擔心的事情」兩項任務**。因此，藉由反過來利用這種「大腦的極限」，就能完全阻止雜念和擔心的事情進入大腦。

遇到容易緊張的場合，如果事先有準備好自己的「例行儀式」，就能藉著「做出儀式性動作」來轉移注意，讓大腦沒有餘力去想不安或擔心的事情。

在創造屬於自己的「例行儀式」時，只有一個要點希望大家要注意，就是「結合3個以上的動作」。動作如果太簡單，工作記憶會空出多餘的空間，雜念便會產生。

以上述的鈴木一朗選手來說，大家對於他在打擊預備區的儀式性動作都相當熟悉。進一步拆解他的動作會是以下這樣：

(1) 輕輕揮動球棒（3次）
(2) 大動作地揮動球棒（2次）
(3) 雙腳膝蓋打開做屈伸（2次）
(4) 雙腳膝蓋併攏做屈伸（2次）
(5) 雙腳打開，肩膀向前轉動（2次）
(6) 輕輕揮動球棒（1次）

拆解之後會發現，這套儀式性動作相當複雜，竟然是由6個動作、共計做了11次所組成。如此複雜的動作，「雜念」當然就沒有可進入的空間。

換言之，透過進行複雜的「例行儀式」，讓「萬一出錯了怎麼辦」等不必要的雜念完全被排除在大腦外，這麼一來專注力便能獲得提升，發揮出最好的表現。

④防範事故於未然的「虛驚思考術」

運用醫療現場常見的心理戰略

有一套很有名的理論叫做「海因里希法則」（Heinrich's Law）。

任職於損害保險公司技術調查部門的威廉・海因里希（Herbert William Heinrich），針對某工廠發生的5000多件職災事件進行統計調查，最後推導出一個很有意思的數據為「1:29:300」。

意思是，每1件「重傷」以上的災害事件，背後都伴隨著29件的「輕傷」事件，以及多達300件無傷害的「驚嚇」或是「意外」事件。

也就是說，「重大事故」和「小意外」和「虛驚事件」三者是以1:29:300的比例發生。換言之，若要減少「重大事故」，只要減少「小意外」的發生就行了。因此，要做的就是降低「虛驚事件」的發生率。

收集大量的「虛驚事件」，然後針對每個事件逐一採取對策，如此就能減少「虛驚事件」，也能減少「小意外」的發生，最後達到預防「重大事故」的目標。

我以前曾經在某家醫院擔任院內「醫療事故對策委員會」的委員，工作內容就是大量收集院內發生的「虛驚事件」。一旦發生差點釀成醫療事故的虛驚事件時，醫生和護理師都有義務必須提出報告。

那是家大型醫院，所以一個月都會有好幾十件的虛驚事件，一年下來就多達數百件。其中很多都是類似的案例，也就是說，很多虛驚事件都是以固定模式發生。

委員會的工作就是針對這些經常發生的虛驚事件來思考對策，制定「安全手冊」，或是更改現行做法。

掌握狀況→分析原因→對策。當「虛驚事件」或「小意外」發生的時候，必須針對原因去做分析，並且透過徹底執行對策來預防「重大事故」的發生。

接下來，讓我們把「事故」這個說法直接換成「錯誤」。

「重大錯誤」、「小錯誤」、「虛驚事件」三者是以1：29：300的比例發生。

各位在工作上，平時應該累積了不少雖然不至於稱為「疏失」，也沒有造成他人困擾或是傷害，但若是放任不管，也許將導致重大失敗的「虛驚事件」。

面對這種「虛驚事件」，大部分的人雖然覺得驚險，但是下一秒就忘光了。因此，一旦發生「可能導致疏失的驚險事件」，請務必做筆記留下紀錄。持續記錄一段時間之後，應該會發現同樣的「驚險事件」不斷反覆發生。這時候就要**想辦法採取一些作為來減少虛驚事件的發生，例如制定「檢查清單」以便確認，或是張貼「告示」來加以提醒等。**

每發生10次虛驚事件就會引發1次的「小錯誤」，既然如此，只要能減少虛驚事件，就能確實降低錯誤的發生率。

〈圖8〉海因里希法則

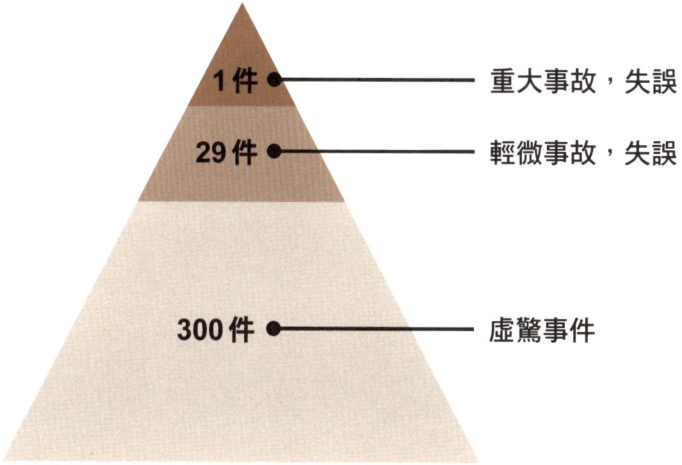
1件
重大事故，失誤
29件
輕微事故，失誤
300件
虛驚事件

⑤ 用數據來掌握「C－3PO思考術」

利用客觀審視的習慣來鍛鍊自我觀察力

電影《星際大戰四部曲：曙光乍現》中有這麼一幕：遭遇帝國軍隊追擊的千年鷹號逃進了小行星帶，這時候，C－3PO跟小心駕駛著千鷹號不撞上小行星的艦長韓索羅說：

「我們順利通過小行星帶的機率為1/3720。」

另外，在《星際大戰五部曲：帝國大反擊》的一開場，莉亞公主很擔心在嚴寒的雪原中遇難未歸的路克。這時C－3PO說：「路克存活的機率是1/725。」

在電影《星際大戰》中有好幾幕都像這樣，C－3PO以具體的「數字」讓其他人心生不安。

「數據化」能清楚簡潔地傳達事實，因此是客觀審視自我時效果非常好的一種方法。如果能夠像C－3PO一樣用「數字」來表示狀況，自我洞察力將會大幅提升。

以滿分100分來說，現在的狀態是幾分？

利用「數據化」來客觀審視自我的思考方法效果非常好。以下就以一位年約40幾歲，正在接受憂鬱症治療的S小姐的例子來說明。

S最常說的一句話就是「我覺得不舒服，非常不舒服」，每次看診的時候，她總是會不斷地反覆這句話。

有一次我問她：「假設到目前為止最不舒服的情況是0分，狀態最好的情況是100分，你覺得今天的身體狀況是幾分呢？」

S回答：「35分。」

「不是0分？」

「0分是當初住院的時候，那時真的非常不舒服，今天比那時候好多了。」

一直強調自己非常不舒服的S，今天的身體狀況竟然是35分，而不是0分。從那次之後，我每次都會用「以滿分100分來說，你現在的狀態是幾分？」的方式來詢問她的狀況，她回答的分數也從40分、50分慢慢地愈來愈高。

「3個月前你的回答是35分，現在看來你好很多了嘛。」

「對欸，最近身體狀況好像比較好了。」

就這樣在某一天，S開始察覺到自己的症狀漸漸地獲得改善。於是，不知不覺地就再也沒有聽她說過「我覺得不舒服，非常不舒服」這句口頭禪。

也許是因為人生中感覺最不舒服的日子應該不多吧。

自從懂得把自己的狀態和症狀「數據化」之後，S的「自我洞察力」明顯有了提升，開始能夠察覺自己的病情正逐漸好轉。也因為這樣，她的心情變得開朗，能夠以積極的態度看待事物，很快地就從憂鬱症中恢復到原本的狀態。

我在身心科跟病患進行問診的時候，經常會使用到**「你現在的狀態是幾分？」**這種數據化的方法。即使是身體再怎麼不舒服的病患，一被問到這個問題，下一秒馬上會開始觀察起自己的身體狀況和心理狀態，開始拿自己現在的狀態跟以前的狀態做比較，瞬間進入「自我觀察」模式。幾次下來之後，「自我洞察力」就能獲得提升。

僅僅15秒的「起床冥想」

為了利用「數據」來掌握自己的狀態，我要跟大家介紹我每天早上一起床都會做的一件事。

那就是，**用滿分100分來評估當天起床時的身體狀況**。換言之就是早上一起床馬上面對自己，我把這種練習稱為「起床冥想」。

「今天在鬧鐘響之前就已經完全醒來了，所以是100分！」

「今天感覺充滿活力和體力。98分！」

「感覺身體好重，好想睡……60分。啊！應該是宿醉的關係！」

幾乎每天都是90分以上，不過偶爾也會有分數較低的時候。

遇到那種時候，我一定會思考自己「不舒服」或「狀態不好」的原因。

以我的情況來說，我會知道是因為「前一天酒喝太多」或是「前一晚太晚睡」。

其他應該還有各種不同的原因，例如「工作太累」、「前一天被主管罵，心情沮喪」、「最近腸胃不太舒服」等。

不只是狀況不好的時候要找出原因，狀態好的時候，不妨也可以想想背後的原因。

像是「昨天有上健身房運動」或「因為昨天泡了一個舒服的澡，整個人徹底放鬆的關係」等，應該也能找到很多狀態好的原因。

大家也可以像這樣早上起床之後，用滿分100分來評估當天的心情和身心狀況，並思考其背後的原因。應該花不到半分鐘就能完成，習慣之後甚至只要15秒就夠了。

接著，**請把「分數」和「原因」簡單地記錄在日記或筆記本上**。等到之後再回過頭來瀏覽這些長期的紀錄，就會知道自己什麼時候身體狀況比較好，什麼時候會感到不舒服。例如「每到白天時間變短的秋冬季節，自己的狀況都會變得很差」，或是「炎熱的夏天很容易把身體搞壞」等。

養成起床冥想的習慣之後，自我洞察力會大幅提升，能夠快速察覺自己的身心狀況，例如「感覺有點累」、「身體狀況不太好」、「睡眠不足」、「工作太忙，壓力太大」等。

這麼一來就**能在「腦疲勞」發生之前，開始控制自己的健康**，隨時以心技體皆充實的狀態面對工作。

接下來還能更進一步變得能夠調整自我狀態，讓自己從「健康」提升至「最佳狀態」。如果能一直維持在「最佳狀態」，就能更容易進入Zone，長時間保持高度專注力和生產力。

PART 3 行動清單

- 透過數據客觀掌握自己身體狀況的「自我洞察力」是專注力提升的關鍵。
- 寫筆記或日記時多寫一些正面的內容，思考也會跟著變得積極正向。
- 在**X**（**Twitter**）等社群媒體上分享開心的事情，是鍛鍊自我洞察力非常好的方法。
- 若是要記住的東西超過「**5**個」，就要製作檢查清單，養成用眼睛確認的習慣。
- 「不安的情緒」會導致犯錯，可藉由事先擬定對策，並創造屬於自己的例行儀式來調整心態。

PART 4
整理

透過整理大腦思緒
來提升表現

打造戰勝雜念和誘惑的心理的方法

想要避免分心，比起「物品的整理」，更重要的是「大腦思緒的整理」。
這一章的內容會教你如何透過「腦內整理」和「壓力整理」，遠離那些會奪走自制力的心理要素。

整理好情緒，讓自己不分心

比起「保持環境整潔有序」，做好「腦內整理」更重要

說到為了提升專注力的「整理術」，大家想到的應該都是整理辦公桌或是周遭的作業空間。桌子周遭過於凌亂確實是造成分心的原因，因此物品的整理非常重要。

不過，**本書中所謂的「整理術」，指的是大腦的整理術，也就是腦內整理術**。針對大腦裡的訊息做整理，捨棄不必要的訊息，使大腦保持在簡潔、清晰的狀態。這遠比物品的整理重要多了。

另外，**壓力和情緒的整理也很重要**。在承受壓力、情緒焦躁的狀態下，會容易屈服於手機或社群媒體或電玩等誘惑，無法專心於該做的事情上。因此，記得也要整理壓力、整理情緒。心理層面的穩定是發揮注意力和專注力不可或缺的重要因素。

—腦內整理① 徹底忘記的「移除式腦整理術」

在大腦裡空出記憶空間

舉例來說，當我要寫一本書的時候，除了跟寫作主題有關的內容以外，我也會大量閱讀其他不同領域的書籍以作為參考。

我在寫《神・時間術》（中譯本書名為《最強腦科學時間術》）的時候，光是最後附錄列出來的「參考書籍」就有24本，其他沒有列出來的還有20～30本，合計一共參考了50本以上的書籍。另外還有大量的論文等。

每當完成一份書稿，在完成校對的那一天，我都會進行一個叫做「校對完成」的儀式，也就是將所有參考書籍和論文全部裝進紙箱中，並收至儲藏室。

之所以這麼做，其實是為了要空出「實際空間」和「大腦的記憶空間」。所謂的「實際空間」就是放書的地方。

而比空出「實際空間」更重要的是，空出「大腦的記憶空間」。

就是說，在完成一本書的當下，就把關於那本書主題的資訊和知識，全部忘掉。因為若是不刻意忘掉，就無法空出「大腦的記憶空間」。

雖然說要「忘掉」或是「刪除」，但由於自己無法選擇性地刪去自己的記憶，因此再怎麼說也只是「心態」上問題。也就是刻意把自己的心態轉換成「現在已經全部完成了，就把這些徹底忘掉吧」。

告訴自己，關於「時間術」的知識，已經全部寫進這本書了，所以就算忘記了也沒關係，需要用到的時候，只要翻自己寫的書就會馬上想起來了。

神奇的是，經過這個儀式之後，大腦裡關於「時間術」的知識頓時消失得乾乾淨淨。我把這稱為**「逆．蔡格尼效應」**。

「逆．蔡格尼效應」的運用

俄羅斯心理學家蔡格尼（Bluma Zeigarnik）在常去的咖啡廳發現服務生能清楚記得每一位顧客點了什麼，可是當餐點送到顧客手中之後，就會全部忘得一乾二淨。

蔡格尼後來針對這個發現進行了一項心理實驗，得到一個結論為：「比起已完成的任務，人們對於目標尚未達成的未完成任務的記憶更深刻，更容易想起來。」簡單來說就是**「人比較容易記得那些做到一半的事情」**。這就稱為「蔡格尼效應」（Zeigarnik effect）。

電視節目總是在氣氛最嗨的時候進廣告，或者像連續劇每天都結束在讓人最想知道接下來會發生什麼事的地方，這些都是利用蔡格尼效應來吸引觀眾注意力的例子。

在面對非完成不可的任務時，人都會陷入緊張狀態，可是這個緊張在任務達成之後便會消失，把任務忘得一乾二淨。相反的，當任務被中斷或是無法達成，這個緊張的狀態就會一直持續下去。這就是為什麼人通常會比較記得那些未完成任務的原因。

反過來說，「已經完成的事情會比較容易忘記」。

人對於尚未完成的任務會一直保持緊張狀態，換言之就是「持續耗費大腦的資源」。例如，咖啡店服務生大約能記住5～7個人的餐點內容，超過10個人就會非常危險。由於大腦只能暫時記住直到出餐為止，因此這頂多5～10分鐘的時間，應該是運用了工作記憶和短暫記憶來記住。在出餐完成的那一刻，大腦接收到「完成了」或「結束了」的指令之後，就會瞬間解除緊張狀態，並刪除關於那筆餐點內容的短暫記憶。

這種**對於已經完成的任務，無論在實際層面或是記憶處理方面，都有意識地遺忘的方法，我把它稱之為「腦內移除」**。

以我的情況來說，在完成書稿之後，把所有相關的參考書籍全部收拾乾淨並移出房間的同時，我的大腦也將所有相關知識全部從腦中刪除。

透過這樣的「腦內移除」，就能在大腦裡為接下來的輸入空出一大片「空間」。

這個道理就像服飾店每一季都會舉辦「特賣會」。由於店內空間有限，比起還沒賣出去的商品，將空間用來陳列下一季的新商品，對銷售會比較有利，因此為了空出陳列新商品的空間，才會定期進行商品的「移除」。

同樣的方法，也可以運用在大腦上。當任務告一段落之後，就把所有相關資料等全部整理收好，包括大腦裡的記憶也要全部切換，空出腦內空間，以確保「新任務」的相關知識有輸入的空間。

一腦內整理

②在電車上放空的腦內整理術

利用「什麼都不做的時間」進行一人會議

各位搭電車的時候都在做什麼呢？

大部分的人應該都在滑手機吧。實際觀察車廂內的情況會發現，大約7、8成的人，有時候甚至是全車廂的人都在滑手機。

我自己大多都是看書，或是放空發呆。

但也不是什麼都不做，**「放空」的同時，其實也在整理大腦**。我認為電車上是最適合整理大腦的地方。在擠得水洩不通的車廂裡只能站著，所以不會被打擾，也不會有人來搭話，更不需要接電話。就某種意義上來說，這也可以稱作能完全斷絕雜念、不受任何人干擾的理想「閉關」狀態。

我一個月會舉辦好幾場講座和演講，但是我很討厭重複講一樣的內容，所以每一場的內容都是「全新」的東西。

經常會有人問我：「講座都花多久的時間準備？」以一場90分鐘的講座來說，基本上是1天的時間。如果是3個小時的講座，由於投影片的張數會超過150張，1天的時間實在辦不到，通常會花到2天的時間。

聽我這麼說，大部分的人都會很驚訝：「好厲害！竟然能辦到這種事！」

不過，這當中其實有個祕訣，就是我通常會利用**「在電車上放空的腦內整理術」**。

大約在講座開辦的前2週，我就會開始構思內容，也就是思考「這一次的講座要分享什麼內容」。靈感最豐富的時候，其實就是搭電車的時候。在這裡，與其說是認真地思考內容，其實比較像是反覆進行輕鬆的腦力激盪，例如「那個也不錯？這個好像也可以？」。

旁人看來可能會覺得我在「發呆放空」，事實上在我的大腦裡，各種想法正緩緩地相互交錯、碰撞，藉此擦出全新的靈感。

與其說是無中生有的「創意發想」，這種感覺比較像是從大腦過去的經驗、知識和情報中，慢慢地搜尋能運用在下一場講座中的素材。因此，**比起「創意發想」的說法**，

這應該稱為「腦內整理」。

搭電車的時間、走路的移動時間，或是在健身房跑跑步機的時間等，我會利用這些時間反覆進行「腦內整理」，靠這樣慢慢累積許多能運用的不錯想法。

等到想法累積到一定程度之後，接著一鼓作氣把這些全部寫下來，然後按照講座進行的順序擬定大架構。這個步驟大約需要15～30分鐘。一旦架構決定好了，接下來只要利用PowerPoint來實際製作投影片就行了。

換言之，**以實際動手的時間來說，我花了「1天」的時間準備，但其實在這之前還花了「2個星期」的時間進行「在電車上放空的腦內整理術」。**

「在電車上放空的腦內整理術」最重要的一點是，必須具備小小的問題意識。

以我的情況來說，我搭電車時通常會抱著「利用下車之前的這段時間來思考下一場講座的內容」的心態。因此看似在放空，其實大腦裡正針對一個主題在進行腦內會議。

例如「來想想下一次企劃會議要提出的想法」、「來想想下個月簡報的架構」、「來想想接下來部落格要寫的題材」等。把自己目前尚未解決的事情當成「問題」來看待，就能利用下車之前的時間進行腦內整理，獲得各種意見和想法。

有個說法叫做「激發創意的４Ｂ」。４Ｂ**指的是「Bars（酒吧）、Bathrooms（浴室）、Buses（公車）、Beds（床上）」**。這４Ｂ是多數人最容易靈光乍現的場所，而且每一個都是非常適合進行「放空腦內整理術」的地方，因此除了搭電車或公車等移動的時間以外，泡澡的時間或是一個人在咖啡廳或酒吧的時間等，也都能用來進行「腦內整理」。

「發呆放空」從腦科學的角度來說是正確的

我常會在Ｘ（Twitter）上看見有人發文說：「今天一整天什麼都沒做，就這樣放空過了一天。」從語尾看來，感覺像是後悔自己浪費了時間。

如果換作是我，同樣的情形，我會這麼發文：「今天一整天什麼都沒做，過了放空的一天，實在是太奢侈了。」

現在的日本人，大多數都覺得「發呆放空，什麼都不做」是在「浪費時間」。事實上，這絕對不是什麼「浪費」的行為。

白天忙著工作，被淹沒在大量的資訊中，就連下了班搭電車的途中，甚至回到家、一直到上床睡覺之前，都還在滑手機。即使是週末假日，也是一直開著手機和電腦，在資訊的洪流中忙亂地度過一天。

這種生活方式不禁讓我想問：「到底是有多愛吸收資訊啊！」

大部分的人都是因為覺得「有趣」，所以才會滑手機或是玩手遊。事實上，這是因為大腦處於興奮的狀態，所以人會感到「有趣」。打電玩之類就是最好的例子。

可是，在「腦疲勞」的狀態下仍持續不斷往大腦輸入訊息，等於是自己給自己製造了引發專注力下降的原因。

正因如此，「發呆放空，什麼都不做」雖然看似在浪費時間，但是對於忙碌工作的日本人而言，其實是「相當重要的時間」。

近來的腦科學研究也證實了「放空」的重要性。

人在什麼事都不做的時候，大腦裡的「預設模式網路」（Default Mode Network）會開始運作。

「預設模式網路」簡單來說就是「大腦的預備狀態」。在這個狀態下，我們的大腦會模擬接下來可能發生的事情，或是根據自己過去的經驗和記憶進行統整，或是針對自己當下的狀況進行分析等，透過喚起各種影像或記憶，為「讓自己接下來變得更好」做準備。

華盛頓大學的研究發現，發呆放空會啟動預設模式網路的運作，這時候大腦所耗費的能量是平常活動的15倍之多。也就是說，「發呆放空」時的大腦比做事情的時候更活躍。

而且，**「發呆放空的時間」，也就是「預設模式網路運作的時間」愈少，大腦前額葉皮質所主掌的深入思考事物的功能就會逐漸下降。**

結果導致注意力和專注力，以及思考能力等受到影響而變差，加快大腦老化的速度。

由此可知，「發呆放空的時間」絕對是必要的。搭電車的時間就非常適合用來發呆放空，但如果拿來滑手機，反而會造成預設模式網路的功能下降，把自己變成「專注力差的大腦」。

＝行動整理 打造堅強自我的「失敗與成功的整理術」

將失敗視為回饋，記取教訓後就忘掉它；成功則要細細品味

常有人會放不下失敗，這類型的人會真實地回想失敗時的樣子，而且容易感到不安，擔心會不會又再度失敗。

這些都是因為沒有針對失敗的經歷好好做整理的緣故。

失敗要忘掉，成功要細細品味。這就是**「失敗與成功的整理術」**。

在工作上失敗的時候，必須要釐清「為什麼會失敗」（原因），並且思考「怎麼做才能避免犯同樣的錯誤」（對策）。也就是說，必須要做到回饋。**只要能夠從錯誤或失敗中找出原因和對策，接下來最好就把失敗的經歷和當時的「難過」、「痛苦」等負面情緒，全部忘得一乾二淨**。最重要的是，不要讓這些負面情緒不停地浮現在腦海裡。

舉例來說，有些女生失戀的時候會先跟A朋友哭訴，隔天再跟B朋友重複同樣的話，後天又跟C朋友再哭一場。

這種人很多都會說：「我想忘卻忘不了他。」這也難怪，同樣的話連續講3天，大腦的記憶一再被強化，當然忘不掉。

一再重複說同樣的話，會加深大腦的記憶。原本以為自己是在「釋放壓力」，沒想到愈是跟人說，愈是忘不掉。因此，「告訴他人」頂多1次就好，千萬別再不停地說起自己的失敗經歷。

「失敗經歷」的記憶愈鮮明，擔心「會不會又失敗」的恐懼感就會愈強烈。萬一又想起失敗的經驗，這時候請回想針對失敗所擬定的「對策」，在心裡告訴自己「只能好好地採取對策」，專注在當下做得到的對策。

另一方面，「成功的經歷」應該不斷拿出來分享。隨著分享的次數愈多，「成功」的相關記憶會受到強化，使人產生自信。有寫日記習慣的人，不妨盡量詳細地寫下關於「成功經歷」的一切。

將失敗視為回饋，記取教訓後就忘掉它；成功則要細細品味。

持續這麼做一段時間之後，大腦會逐漸被「成功經歷」給填滿，連帶地人會愈來愈有自信，不安也會慢慢消失不見。

所謂的不安，其實是下意識地和自己過去的經驗值做對照，認為失敗的可能性很高，因此產生的心理現象。反過來說，若是能堅信百分之百一定會成功，自然就不會感到不安。

透過強化「成功經歷」的記憶並模糊「失敗經歷」的記憶，讓自己減少不安，變成充滿自信的狀態。

Ⅲ 壓力整理 整頓內心的「壓力整理術」

壓力是「黑道老大」

之所以必須整理壓力，是因為**壓力若是放任不管，將會成為引發專注力下降的重要**

原因。前面在「INTRODUCTION」的內容中提到專注力下降的3個原因分別是「受到一日節奏與疲勞的影響」、「受到腦疲勞和壓力的影響」和「工作記憶效能下降」。事實上，長期承受壓力會造成「腦疲勞」，而且隨著「腦疲勞」的情況不斷惡化，大腦的前額葉功能也會下降，導致「工作記憶」的功能也跟著逐漸下降。

此外，因為長期承受壓力而分泌的壓力荷爾蒙皮質醇會引發葡萄糖耐受不良，造成血糖上升，成為糖尿病的原因之一。由於糖尿病是失智症的重大風險因子之一，所以也可以說皮質醇會加速「大腦老化」，間接引發失智症。

換言之，**若是長期承受壓力，將會造成本書一開頭所列出的3大專注力下降的原因接連發生**。也就是說，壓力就像是會對這一切造成重要影響的「黑道老大」。

倘若各位最近無法專心面對工作，請好好地檢視自己的壓力是不是變大了。面對壓力原因，並進一步整理是非常重要的一件事。

適度的壓力可以有效運用

市面上有很多關於「排解壓力」或「消除壓力」、「零壓力」的書籍，不過，最近的研究也提出了另一種方向的思考，認為「有壓力也沒關係」、「不需要追求零壓力」。

舉例來說，史丹佛大學心理學家凱利．麥克高尼（Kelly McGonigal）在其著作《輕鬆駕馭壓力》中主張，**透過把「壓力是不好的東西」的想法轉換成「壓力是有幫助的」、「將壓力轉化成力量」的思考方式，就能擺脫壓力帶來的負面影響。**

本書也依照這種思維方式，用「整理壓力」的說法來表達妥善處理壓力，而不是「消除壓力」。對於現代社會中忙碌的上班族而言，要將壓力降至零是不可能的事，而且也沒有必要。壓力是有幫助的，只要懂得整理就行了。

壓力荷爾蒙就像「咖啡」

長期承受壓力會造成腎上腺皮質激素之一的皮質醇濃度增加，一般也叫做「壓力荷爾蒙」。

皮質醇是一種抗壓力荷爾蒙，會對抗壓力，使身體動起來，就像嗅鹽的作用一樣。

人體可自行生成分泌皮質醇，早上起床時分泌最旺盛，傍晚到晚上之後就慢慢減少。

皮質醇簡單來說就像早晨的咖啡一樣，一喝下去整個人精神就來了。皮質醇的分泌一般來說早上到中午會逐漸增加，若是在晚上分泌，將會給身體帶來負面影響。因為這會使得身體到了晚上仍然處於白天模式，無法獲得充分的休息，疲勞也會因此無法消除。

我們的身體會利用晚上的時間提高免疫力，但是如果像這樣皮質醇也在晚上分泌，免疫力的分泌就會受到抑制，成為各種疾病的發病原因之一。

大家應該有過這種經驗，在睡前喝咖啡，結果導致睡不著。這也是皮質醇所引發的現象。

正常人到了晚上皮質醇的分泌會下降，可是長期承受過大壓力的人，皮質醇的分泌會降不下來，這才是最嚴重的問題。在憂鬱症等患者的身上也可以發現，晚上的皮質醇濃度通常都偏高。

壓力過大會破壞記憶

皮質醇濃度持續偏高，會對身體造成許多負面影響。若是從「引發錯誤」的角度來說，對「海馬迴」造成的影響不容輕忽。

海馬迴是大腦中央一個形狀像杏仁、體積非常小的部位，所有進入大腦的訊息都會通過這個海馬迴。海馬迴是記憶的「暫存空間」，會保留記憶約2～4星期。在這段期間內，如果記憶不斷被提取，大腦便會將其視為「重要記憶」而轉為長期記憶加以保存。

比起大腦的其他部位，海馬迴擁有非常多的皮質醇受體，因此對壓力非常敏感。所謂的「受體」，可以把它想像成是類似鑰匙孔的構造，皮質醇會附著在上面產生作用。因此，**當皮質醇增加分泌，身為「記憶暫存空間」的海馬迴的功能會瞬間減弱，導致更容易發生大腦訊息輸入方面的錯誤，例如「忘記已經聽過的事情」**。

關於海馬迴，還有許多很有意思的研究。

例如，觀察受虐兒童的大腦會發現，他們的海馬迴體積都偏小。由此可知，長期處於壓力之下會造成海馬迴的細胞死亡。

此外，人的大腦細胞基本上不會分裂再生，但是海馬迴具有一種叫做「顆粒細胞」的東西，這種細胞會進行分裂。可是，皮質醇增加會抑制這種細胞的分裂，結果就像前面所說的，會導致記憶力下降，無法記住新事物，頻頻發生訊息輸入方面的錯誤。

壓力和記憶看似沒有關聯，但若是從腦科學和荷爾蒙的角度來看，其實兩者有著非常密切的關係。

若要避免發生訊息輸入的錯誤，最重要的就是想辦法別讓海馬迴的功能減弱。方法就是不要累積壓力，每天整理壓力非常重要。

腎上腺疲勞會引發疾病

最近常會聽到「腎上腺疲勞」一詞，這是什麼樣的一種狀態呢？

首先，壓力會造成皮質醇的分泌量增加。這種情況長時間下來會導致負責生成荷爾蒙以維持血壓、血糖、水分和鹽分等平衡，保持體內環境穩定的器官——腎上腺疲勞，無法再分泌皮質醇，反而變得連正常人的分泌量都無法達到。**這種長時間的壓力造成腎上腺過度勞累而皮質醇過低的狀態，就稱為「腎上腺疲勞」**。

「腎上腺疲勞」除了會造成疲勞無法消除、身體疲倦、沒有活力、早上爬不起來之外，還會引發低血壓和低血糖、專注力下降、記憶力下降等情形。一旦變成這樣，毫無疑問地一定會影響到工作。

也就是說，皮質醇過低同樣也會造成專注力和記憶力的下降。到了這個時候，身體就會從「未病」演變成「疾病」的狀態。因此，我們必須在尚未惡化至此之前做好壓力整理。接下來的內容將會說明具體的做法。

Ⅳ 休息法　睡前2小時的「黃金時間休息法」

只要2小時就能整理壓力

早上起床之後的2個小時被稱為是「大腦的黃金時段」，是一天當中專注力最好的時段，因此可以利用這段時間做「需要專注力的工作」或「不容許出錯的重要工作」。這一點在前面的內容中已經說明過了。

早上起床之後的2個小時具備如此特別的意義，同樣的，晚上就寢前的2個小時，在另一種意義上來說也非常重要。

因為，**睡前2小時是最適合「整理壓力」的時段，也稱為「放鬆的黃金時段」**。

「放鬆的黃金時段」是我自己想出來的說法，因為如果能放鬆地度過這段時間，一整天累積下來的壓力幾乎能完全獲得消除，更容易入睡。再加上能睡得很熟，因此身體的疲勞也能獲得消除。換言之，如果要讓身心獲得百分之百的恢復，一定要在「放鬆的黃金時段」做到徹底放鬆。

千萬不能做的「睡前」禁忌

「睡前2小時要放輕鬆」。即使我這麼說，我想大家應該還是很難想像該怎麼做，因此相反的，我要介紹的是千萬不可行的「放鬆的黃金時段」的度過方法。大家請看228頁的表格。

工作忙碌的A每天都加班到晚上11點才下班，回到家都將近凌晨了。一身疲憊的他會先泡個熱水澡，然後以啤酒配著超商的微波便當當晚餐。之後玩半小時左右的手遊作為小小的娛樂，最後再抽一根菸，於凌晨1點左右上床睡覺。

對忙碌的上班族來說，這也許是再平常不過的睡前時間度過方式。但是，這也可以說是最糟糕的方式。

在「放鬆的黃金時段」，分別有該做和不該做的事情。

總結這個表格的重點來說，**睡前2小時千萬不能做的事情包括有「吃東西」、「喝酒」、「激烈運動」、「泡熱水澡」、「視覺娛樂（電玩、電影）」、「看會發亮的東西（手機、電腦、電視）」、「待在明亮的場所（公司、超商）」、「攝取咖啡因」、「抽菸」**。

相反的，睡前2小時該做的事情有下列幾項：

「放鬆心情」、「用音樂或芳香精油等非視覺娛樂來放鬆身心」、「和家人聊天、跟寵物玩」、「做放鬆身體的運動」等。

上述的A在睡前2小時內一共做了7項不該做的事情，包括「接觸螢光燈」、「泡熱水澡」、「喝酒」、「吃東西」、「視覺娛樂」、「接觸藍光」和「抽菸」。這樣完全無法有效利用「放鬆的黃金時段」。這種生活方式非但無法消除疲勞，反而會造成壓力不停地累積。

〈圖9〉放鬆的黃金時段的度過方法

	該做的事情	不該做的事情
情緒	・放鬆地度過	・在慌亂和忙碌中度過 ・在煩躁和焦慮中度過
思考	・想快樂的事情 ・回想今天發生的開心的事情	・想讓自己不安、擔心的事情 ・回想今天發生的難過、痛苦的事情
表情	・帶著笑容和開朗的表情度過	・皺著眉頭度過
自我洞察	・寫日記 ・回想今天一整天	——
娛樂活動	・音樂、芳香精油、按摩等非視覺性的娛樂活動，以及能放鬆身心的娛樂活動	・打電玩、看電視等視覺娛樂活動 ・使人興奮的娛樂活動
視覺	・眼睛獲得休息	・接觸藍光（手機、電腦、電視等）
運動	・伸展等輕度運動	・激烈運動（健身房的訓練運動）
飲食	・（睡前2小時不吃東西）	・吃東西
喝酒	——	・喝酒（禁止睡前酒）
泡澡	・泡溫水澡	・泡熱水澡
交流	・和家人聊天 ・和寵物玩	・獨自一人
照明	・接觸紅色燈光 ・待在微暗的地方	・接觸螢光燈（辦公室、超商） ・待在明亮的地方
嗜好品	・（下午2點過後不喝咖啡）	・喝咖啡或紅茶等攝取咖啡因
香菸	——	・抽菸

睡前一定要放鬆的原因

為什麼睡前2小時不放鬆就會對健康造成負面影響呢？

人體內有所謂的「交感神經」和「副交感神經」，白天交感神經活躍，到了晚上則切換成副交感神經處於優位，使人放鬆，讓身心獲得恢復。

做事情要分輕重緩急。這才是認真努力工作，同時又能維持健康的理想生活方式和工作方式。

從交感神經切換到副交感神經的過程，身體會需要一段冷靜下來的時間。睡前2小時若是能放鬆悠閒地度過，身體就能很自然地從交感神經切換成副交感神經。

睡前「沒有睡意」或是「腦袋很清醒」的人，就表示身體還是處於交感神經優位的狀態。這時候就算強迫自己睡覺，身體和大腦也無法獲得休息。

細胞和器官的修復、免疫功能的提升，以及癌細胞的消除，都是在副交感神經處於優位的睡眠中所進行的。因此，**若是在交感神經優位的狀態下入睡，身體將無法發揮自**

癒力，長久下來就會導致疾病發生。

壓力荷爾蒙皮質醇的分泌會讓交感神經處於優位，也就是說，交感神經若是到了晚上仍然處於優位，沒有切換成副交感神經，即表示皮質醇仍在持續分泌中。

只要「交感神經→副交感神經」的切換進行得順利，皮質醇的開關就能順利關上，而且還能阻止壓力對大腦和身心造成的所有持續性傷害。

即使是任職於黑心企業，工作忙碌，還被要求業績，壓力異常地大，痛苦到無法再繼續工作，每天承受著龐大壓力的人，只要「交感神經→副交感神經」的切換進行順利，同樣能獲得充足睡眠，壓力和疲勞也能完全獲得恢復，不會帶到隔天。

因此，愈是忙碌、壓力大的人，睡前2小時更要好好地放鬆，善用「放鬆的黃金時段」。

V 睡眠法 提升大腦狀態的「7小時睡眠法」

睡眠不足是專注力下降的主因

你一天睡幾個小時？

假如你的睡眠時間少於6小時，你疏失過多的原因很有可能就是「睡眠不足」所導致。因為「睡眠不足」正是造成注意力和專注力下降的最大原因。

某項研究發現，連續10天每天睡眠時間6小時，認知功能下降的程度就跟熬夜24小時一樣。另一項研究也指出，光是連續5天每天只睡6小時，認知功能會變得跟熬夜48小時一樣。「認知功能等同於熬夜」的意思是，專注力相當於喝下一罐500毫升的啤酒之後的微醺狀態。

也就是說，連續每天只睡6小時的人，已經處於「專注力明顯下降的狀態」，就跟邊喝酒邊工作一樣。

有些人也許會說：「不會呀，我每天只睡6小時就能很正常地工作。」如同前面提過的，睡眠不足的人，自我洞察力愈低，很容易誤以為「自己睡得很飽」。換言之，「自己睡得很飽」的感覺完全不可靠。

也就是說，**你現在覺得「正常」的狀態，其實很可能已經是認知功能下降，注意力和專注力變差的狀態。**

睡眠不足會造成工作記憶的功能也跟著下降，大腦處理訊息的能力明顯變差。簡單來說就是工作能力大幅下降。一旦變成這樣，工作的準確度和速度也會跟著下降。

睡眠時間少於6小時的人，若是覺得自己「經常犯錯」、「容易分心」、「工作無法集中注意力」、「工作效率差」，很可能就是受到「睡眠不足」的影響。

透過「睡眠＋1」來提升工作效率

每天的睡眠時間最少要「7小時」。日本人的平均睡眠時間是「7.5小時」，但是這對忙碌的上班族來說實在非常困難，所以我都會告訴大家先以「7小時」為目標去努力就好。

順帶一提，我自己每天一定都會睡滿8小時。

針對睡眠時間少於6小時的人，就算我說：「睡眠不足會導致工作效率變差，而且會累積壓力，對健康帶來負面影響，所以建議最好睡滿7小時。」大部分的人都會告訴我：「我很忙，辦不到。」

其實這種說法是倒因為果。正確來說應該是睡眠不足導致大腦的效率變差，所以8小時能完成的工作，現在可能要花10小時才能完成。

然而，聽我這麼說，大部分的人還是會反駁不可能會有那種事。

既然如此，我們就來做個實驗吧。

只要一個星期就好，請每天增加1小時的睡眠時間。

我希望大家能自己透過這個實驗來瞭解這能讓工作效率提升多少。

我曾在自己主辦的、擁有600多位學員的「樺澤學堂」工作術學習會中做了一項「將睡眠時間短短增加1小時」的實驗。

令人驚訝的是，大部分的學員都感覺「工作效率變得比以前好，加班時間變短了」、「工作上的錯誤變少了」、「工作品質變好」、「身體不再覺得疲憊，身體狀況也變好了」。

以結論來說，**透過增加1小時的睡眠，注意力和專注力獲得了提升，工作效率也變好了，加班時間減少，能更早回家。**

換言之，藉由增加睡眠時間，可以創造出1小時以上的睡眠時間。如果覺得不可能，大家可以實際試試看。對於睡眠時間少於6小時的人來說，應該能看見明顯的效果。

史丹佛大學以男性籃球選手為對象做了一項很有意思的實驗。研究人員要求10名選手每晚10點上床睡覺，為期40天，透過每天80公尺賽跑的成績和罰球命中率來記錄他這些選手白天表現的變化。由於該校籃球社大多是擁有半職業水準、運動能力相當厲害的選手，因此研究人員原本預測就算增加睡眠時間，也不會有明顯的效果。

然而，實際上經過2週、3週、4週之後，所有選手的表現都有了提升，最後一次80公尺賽跑的成績比之前縮短了0.7秒，罰球命中率0.9，三分球命中率也高達1.4。

不只如此，在反應時間（專注力）的測驗當中，選手們也都感覺自己的表現有了改善和提升，例如「手感非常好」、「掌控比賽的能力變得更好了」等。

換言之，**增加睡眠時間可以得到提升專注力、減少犯錯、改善運動表現等不可思議的結果。**

睡眠時間增加，大腦的表現會跟著明顯提升，降低錯誤的發生率。請大家一定要試試看，因為這個方法確實有效！

吃了安眠藥也一樣睡不好

如果是因為工作忙碌而愈來愈晚睡的人，只要努力做好時間管理，應該就能提早上床睡覺。可是，每天晚上10點就上床，卻遲遲無法入睡，結果導致睡眠時間低於6小時的失眠症或睡眠障礙的人，肯定都會為了「想睡滿6小時卻睡不著」而煩惱不已。

說到失眠症和睡眠障礙的治療，大家第一個想到的應該就是「安眠藥」吧。

很多人都以為吃安眠藥就能治好睡眠障礙，但是你知道嗎？這其實是完全錯誤的觀念。

即使服用安眠藥，睡眠障礙也不會獲得改善。睡眠障礙的背後一定存在著某些原因，只有將那些「原因」排除，睡眠障礙才能治癒。

「排除原因」才是睡眠障礙的根本治療，安眠藥充其量只是一種暫時的「對症療法」而已。

這個道理就跟服用降血壓藥一樣。血壓太高的時候服用降血壓藥，在藥效作用的期間血壓會下降，可是一旦藥效消退，血壓又會再上升。

順帶一提，有研究指出**服用安眠藥會縮短壽命**。這項研究以美國賓州約1萬名持有安眠藥處方箋的患者為對象，進行了2年半的追蹤，結果發現安眠藥服用者的死亡率比非服用者高出了3.5～4.6倍，且服用安眠藥伴隨而來的癌症風險也增加了35％。

從這幾個數據可以知道，長期服用安眠藥有害健康。

因此，**「無法入睡的人」首先應該做的事情，不是吃安眠藥，而是找出睡不著的原因，並針對原因徹底採取對策。**

至於造成睡眠障礙的原因，就是228頁圖9「放鬆的黃金時段的度過方法」當中所提到的那些「不該做的事情」。也就是說，睡前2小時若是喝酒、吃東西、滑手機、打電玩或看電視等，都會造成睡眠障礙。

我至今已經診治過無數個睡眠障礙的患者，這些人多少一定都違反了幾項以上「不該做的事情」。只要針對那幾點確實改進，即使不服用安眠藥，睡眠障礙也會獲得改善。

睡眠障礙最常見的原因就是「喝酒」。幾乎每天喝酒的人都會有「睡不著」的問題，大部分的原因就是因為「喝酒」。這些人除非戒酒，否則睡眠障礙是無法治癒的。

睡眠不足的問題若是不解決，將來一定會引發疾病，因為身體無法確實進行消除疲勞、提升免疫力、消除癌細胞、修復細胞等功能。「無法入睡」對身心健康來說是一種黃色警報，更正確來說應該是攸關性命的紅色警報。也就是說，應該將睡眠障礙視為一種「警示症狀」。

事實上，日本每5人中就有1人有「無法入睡」或「睡不好」的困擾。這些人都應該重新檢視自己睡前2小時的生活習慣，**改掉「不該做的事情」，落實睡前2小時「應該做的事情」**。只要養成幫助睡眠的生活習慣，睡眠障礙的問題一定能獲得改善。

VI 情緒整理

「不告訴別人」的情緒整理法

抱怨無法排解壓力

若要分別以一句話來形容「不會犯錯的人」和「容易犯錯的人」的情緒狀態，**「不會犯錯的人」是沉穩、冷靜、平常心，「容易犯錯的人」是焦慮、煩躁、手忙腳亂**。各位平常也是這樣嗎？

人在焦慮、煩躁或情緒不穩定的時候，通常都會容易犯錯。換句話說，整理「情緒」，讓心情恢復穩定，就能減少錯誤發生。

舉例來說，若是工作出包受到主管的責罵，你會怎麼發洩這股壓力或整理情緒呢？

一般來說大概就是「告訴別人」、「喝酒」或是「大睡一場」等。不過，其實**大部分的人在「整理情緒」這件事情上都用錯方法了**。

最常見的方式就是「告訴別人」和「喝酒」。**「告訴別人」雖然能做到情緒的整理和釋放壓力，但是，「不停地跟不同的人說同一件事」或是「長時間聊同一件事」，無疑是一種「加深記憶」的行為。這一點在前面的內容中已經說明過了。**

在居酒屋等場所經常可以看到3、4個上班族圍在一起說公司主管的壞話，而且令人驚訝的是，同一個話題可以聊2個小時還聊不完，不過通常到最後只是在不斷重複同樣的話，像是鬼打牆一樣。與其說是在「發洩情緒」，「加深記憶」的效果反而比較強。

如此一來，自己的失敗經歷會被深深地烙印在腦海裡，就算過了2、3天，甚至是一個星期或一個月也忘不掉。結果不論經過多久，心裡一直「放不下失敗」，同時也一直擺脫不了失敗帶來的負面情緒。在這種狀態下工作，會不知不覺地依照之前「錯誤」或「失敗」的模式繼續做事，導致陷入相同「錯誤」和「失敗」一再發生的惡性循環。

假如真的很想告訴別人，最多花個15分鐘稍微發洩一下情緒就該停止，不要一聊就聊上半小時甚至一小時還停不下來。也不要同樣的話題隔天再跟不同的人說。

失敗經歷的告白最多1次就好，而且最好不要超過15分鐘，這是最安全的做法。

前面在「思緒的整理」的內容中也曾提到，面對錯誤和失敗，做到回饋（找出原因和對策）之後，最好就要將「經歷」和「情緒」全部忘得一乾二淨。

「憤怒」會導致壓力增加

一直不停地說責罵自己的主管的壞話，一定會愈說愈生氣，對吧？「又不是我的錯，而且主管明明也有責任，憑什麼把錯全部推給我！」說著說著不禁湧起一股負面的情緒，而且會感覺到「憤怒」。

如果全部是自己的責任，可能會把憤怒的矛頭指向自己，自責「為什麼事前沒發現？自己真沒用……」。

人在出現「憤怒」的情緒時，身體會分泌腎上腺素，這是一種強烈的記憶增強物質。換言之，**伴隨著「憤怒」的經歷，通常都會留下深刻的記憶**。

也許各位也有這種經驗，已經好幾年過去了，至今卻仍然忘不了那場激烈的夫妻爭吵。

腎上腺素在感到恐懼的時候也會分泌，曾經就有日本311大地震的災民表示，自己會不斷回想起當時海嘯來襲的景象，怎麼樣都忘不了。這都是因為人在感到恐懼的時候，身體會分泌記憶增強物質腎上腺素的緣故。特別是在「可能會死掉」等攸關性命的情況下，腎上腺素會大量分泌，導致就算經過好幾年，依舊「想忘也忘不了」。這種感覺若是變成「內心創傷」一直留在心裡，最後就會演變成PTSD（創傷後壓力症候群）。

以動物來說，「憤怒」或「恐懼」的情緒大多發生在跟性命存亡危機有關的時候，可見為了避開相同危險而強化記憶，也許就是動物的本能。

對失敗一「笑」置之

失敗或犯錯的時候，到底該怎麼做才對呢？我認為把失敗**當作「笑話」來看待**，是最有效的「情緒整理」方法。

例如：「昨天發生了這樣一件事，我錯得超誇張的，真的是很粗心欸我，哈哈哈哈！」

「笑」有消除壓力的效果。從科學上來說，「笑」會讓身體從交感神經切換成副交感神經，也就是可以達到「放鬆」的作用。當交感神經處於優位時，身體會分泌腎上腺素，可是一旦切換成副交感神經優位，腎上腺素便會停止分泌，達到情緒整理，徹底忘記的作用。

因此，遇到「失敗的經歷」或「痛苦的經歷」、「不愉快的經歷」、「生氣的經歷」

等，且非常想告訴別人的時候，只要當成「笑話」來說就行了，千萬別太認真。

我從二〇〇四年起到美國芝加哥留學，時間長達3年。剛到那裡的前3個月，租房子也好，到銀行開戶也好，所有事情沒有一件順利，再加上語言不通，就連科學實驗的工作也進展得不是很順利，讓我承受非常大的壓力。我人生中最痛苦的時期，就是在美國留學的前3個月。

若要說那個時候我做了什麼，就是把自己的失敗用說笑的方式寫成日記，放上自己的網站（當時還沒有部落格）。由於接連發生讓人不可置信的失敗，所以最後這些全成了讓人捧腹大笑的美國日記，連帶地造訪我的網站的人也變多了。對當時痛苦到要命的我來說，這成了我排解壓力的最大出口，同時也成了我心靈的寄託。

明尼蘇達州立大學針對幽默（笑）和自我效能感的研究已經證實，讓人發笑或是和對方一起笑，都能提高自我效能感。這是因為對方的笑會給自己帶來信心，知道自己和他人之間已順利建立起互動關係。犯錯或失敗的時候，自信和自我效能感會明顯下降，覺得自己是個沒用的人。但是，「笑」具備心理學上的效果，能讓人重拾那份失去的自信。

像這樣將負面的經歷和情緒，藉由「笑」來一笑置之，可以說是一種非常有效的情緒整理方法。

酒要開心地品嘗

很多人在工作失敗感到煩躁的時候，都會用喝酒來排解壓力。應該說，講到釋放壓力，可能大家第一個想到的就是「喝酒」。雖然我這個喜歡喝酒的人這麼說有點奇怪，不過我認為**「最好不要為了排解壓力而喝酒」**。

這是因為根據喝酒的方式不同，有時候非但無法做到情緒整理，反而還會強化負面情緒，造成更多不必要的壓力。

很多人都會邊喝酒邊抱怨公司或是說主管的壞話，或是邊喝酒邊自責，將失敗全部怪罪於「自己沒有用」、「自己是個無能的人」。我覺得最好別做這種事。

酒會讓人失去「理性」，可以把它想像成是接近「催眠狀態」，應該就會比較好理解。在催眠狀態下，如果一再灌輸自己「我是個沒有用的人」或「我是個無能的人」，這股想法將會深入潛意識，導致對自己完全失去信心。

在對自己完全沒有信心的狀態下，就連要充滿自信地面對工作都很困難，所以會變得更容易犯錯，在工作上接二連三地遭遇失敗。

如果一再灌輸自己「主管是個差勁的人」，之後面對主管的時候，即使表面上再怎麼有禮貌，對方也會從非語言訊息感受到你的情緒，導致和主管的關係更加惡化，之後不管你再怎麼努力也無法獲得肯定，工作變得愈來愈痛苦。

以上這些藉由喝酒來排解壓力的行為，其實就相當於是在給自己注入負面情緒。

酒應該要開心品嘗才對。**不要在「犯錯的時候」或「失敗的時候」喝酒，應該在值得慶祝的時候，用開心的心情去品嘗，例如「在工作上獲得成功的時候」、「企劃案圓滿達成的時候」、「簽下大型合約的時候」**等。

這麼一來，「成功了！」的開心心情和「我能做好工作！」的自我效能感，以及「我辦得到！」的自信，就會在不知不覺中被灌輸到大腦，成為面對下一個工作的動力，為自己帶來一連串的成功。

請千萬**別在犯錯或是失敗的時候，藉由喝酒來排解不愉快的心情**。原本應該喝了酒就忘記的，結果反而可能因為不斷地提起，使得失敗的記憶和負面情緒受到強化而記得更清楚了。

就像「宿醉」一樣，飲酒過量、熬夜喝酒或是每天喝酒，都會造成隔天早上的專注力下降，連帶影響到工作表現。不喝酒才是提升專注力最好的方法。

透過「運動」和「睡眠」來整理情緒

那麼，萬一在工作上犯了嚴重錯誤或失敗的時候，要怎麼辦呢？以我來說，會去健身房做1小時的激烈訓練，讓自己大量流汗，然後再去泡澡。接著回家好好地睡一覺。

排解壓力最有效的方法，就是「運動」和「睡眠」。

即便是情緒不穩定，經過一晚的睡眠之後，嚴重程度一定會減輕許多。

此外，睡覺還會作夢。夢的作用之一就是針對前一天發生的事情的「記憶」和「情緒」做整理，因此能睡得香甜，所有情緒都能得到整理。

不過，如果帶著「煩躁的心情」直接上床睡覺，身體會因為仍處於交感神經優位的狀態而無法入睡。這種時候可以像前面所說的，最好做一些會讓身體極度疲累的「運動」，例如上健身房做一些比平常稍微再激烈一點的訓練，或是慢跑一小時等。

只要靠運動就能趕走「煩躁的心情」或「怒氣」。

運動30分鐘，皮質醇的分泌就會回歸正常。
喝酒會影響睡眠，使得記憶和情緒無法獲得充分的整理。
因此，整理情緒最有效的方法果然還是「運動」和「睡眠」。

PART 4
行動清單

- 想要提升專注力，比起「物品的整理」，更重要的是「腦內情緒和壓力的整理」。
- 大腦在「什麼都不做的時候」會進行思緒和情緒的整理。
- 短期的壓力有存在的必要，但長期的壓力會引發「專注力下降的3大原因」。
- 睡前2小時「用放鬆的心情度過」，能獲得良好的休息和睡眠。
- 能提升大腦狀態的最佳睡眠時間為每天「7小時」以上。

結語

以「提升專注力」為主題的書籍，市面上非常多。可是，這些書都只會告訴你要「增加睡眠時間」或是「消除腦疲勞」等，很少會觸及到專注力下降的根本原因，並針對以科學根據為基礎所提出的實踐方法做詳細解說。

大部分有關專注力的書籍都只是「對症療法」，只會介紹一些小技巧。睡眠不足或是腦疲勞的人，就算再怎麼做好「確認」或「保持桌面整潔」，也很難提升專注力以減少錯誤發生，讓工作變得更有效率。

在實踐提升專注力的個別知識和技巧之前，必須先改善生活習慣和腦疲勞的情況，減少壓力。

讀完這本書之後，相信各位應該已經知道如何從根本和本質上去做到「提升專注力」，而不是只會小技巧。接下來只要逐一去實踐這些方法，不僅是面對「工作」，包括「人際關係」和「生活上」的問題等，都能用更從容的心情去應對。正如本書書名所說的，專注力將成為解決一切問題的關鍵。

本書介紹了許多「提升專注力」的方法，因為實在太多了，也許有些人會因此迷失了方向，不知道該從何做起。

因此最後在這裡，我將書中的內容整理成以下兩個表格。

「圖10專注力高的人和專注力低的人的習慣」整理了「專注力高的人」和「專注力低的人」的習慣和行為模式，大家可以把它當成自我檢視表來使用。只要針對「專注力低的人」欄位中打勾的項目一一做調整和改善，就能成為「專注力高的人」。

另外，「圖11效率高的人的大腦習慣」是針對書中所介紹的十個習慣，從三個不同目的的訓練來評價其效果的高低。

只要徹底落實這幾個能提升效率的習慣，就能獲得「高度專注力」和「高效率」，並且在高度專注且有效率地工作的同時，在不累積壓力，也沒有精神或身體疾病的「健康」狀態下，甚至是超越健康的「最佳狀態」下，順利進入Zone並盡情發揮。

〈圖10〉專注力高的人和專注力低的人的習慣

	專注力低的人	專注力高的人
手機	長時間滑手機	懂得在短時間內善用手機
電視	看電視的時間長	只看必要的節目
工作態度	不情願地工作	充滿幹勁地工作
睡眠	睡眠不足	每天擁有7小時以上的優質睡眠
運動	缺乏運動	有定期運動的習慣
筆記	不做筆記	確實做筆記
學習	討厭學習，不會主動學習	會進行「大人的學習」
忙碌程度	做事情慌張、手忙腳亂	專心一志地工作
時間運用	喜歡塞滿行程，活動不斷	保留放鬆的時間
失敗的應對	對失敗不加處理	必定從失敗中獲得「學習」
待辦清單	不寫待辦清單	有寫待辦清單的習慣
疲勞程度	疲勞長期累積	充滿活力地工作
學習意願	對學習過於貪心	對學習不貪心
加班	經常加班	很少加班
自我洞察力	自我洞察力低	自我洞察力高
桌面	髒亂	整潔
壓力	壓力大	壓力小
活動時間	夜間型	晨間型
思維	沉溺於過去，擔心未來	專注在當下

〈圖 11〉效率高的人的大腦習慣

	專注力訓練	工作記憶訓練	消除疲勞，排解壓力
睡眠	★★★	★★★	★★★
有氧運動	★★★	★★★	★★★
在自然環境中運動	★	★★★	★★★
雙重任務（運動＋腦力訓練）	★★	★★	★★
閱讀	★★★	★★★	★★★
大人的學習	★★	★★★	
桌遊（西洋棋、將棋、圍棋）	★★★	★★★	★
下廚		★★★	★
正念	★★★	★★	★★★
溝通（夫妻或家人之間的對話）			★★★

★★★ 效果非常好　★★ 效果好
★ 有一定程度的效果　沒有星 沒有明確的學術根據

每個人都能同時獲得「高專注力與高效能的工作能力」和「健康的身心」。這才是促使我提筆寫這本書的真正原因。

不只是提升專注力，而且還能為身心帶來最佳狀態的表現。如此厲害的「大腦習慣」，希望大家都能從今天開始一一地去實踐。

二〇二四年一月

精神科醫生 樺澤紫苑

參考文獻

- *The Working Memory Advantage: Train Your Brain to Function Stronger, Smarter, Faster*（Tracy Alloway, Ross Alloway）
- *The Overflowing Brain: Information Overload and the Limits of Working Memory*（Torkel Klingberg）
- 《もの忘れの脳科学：最新の認知心理学が解き明かす記憶のふしぎ》（苧阪満里子著）
- 《「テンパらない」技術》（中譯本書名《管理你的慌張：慌能激發鬥志，也會壞事，所以要管理，這是經醫學證實有用的臨場絕招》，西多昌規著）
- 《スタンフォード式 最高の睡眠》（中譯本書名《史丹佛大學「黃金90分鐘」睡眠法：睡不著沒關係！「最高睡眠法」西野精治49個ＱＡ對策，用科學終結睡眠困擾》，西野精治著）
- *Sleep Smarter: 21 Essential Strategies to Sleep Your Way to a Better Body, Better Health, and Bigger Success*（中譯本書名《睡得更聰明：讓你睡出好身體、好健康和成功人生的二十一個策略》，Shawn Stevenson）
- *Spark: The Revolutionary New Science of Exercise and the Brain*（John J. Ratey, Eric Hagerman）
- 《その「もの忘れ」はスマホ認知症だった》（奥村步著）

- 《やってはいけない脳の習慣》（横田晋務著，川島隆太審訂）
- 《「時間の使い方」を科学する》（一川誠著）
- *Why Kindness Is Good for You*（David R. Hamilton）
- *The Upside of Stress: Why Stress Is Good for You, and How to Get Good at It*（中譯本書名《輕鬆駕馭壓力：史丹佛大學最受歡迎的心理成長課》Kelly McGonigal）
- 《神・時間術》（中譯本書名《最強腦科學時間術》，樺澤紫苑著）
- 《ムダにならない勉強法》（中譯本書名《精神科醫師的輸入與輸出學習法：腦科學、精神醫學及心理學佐證，讓你學習快又有效率！》，樺澤紫苑著）
- 《脳を最適化すれば能力は2倍になる》（中譯本書名《別再錯用你的腦，七招用腦法終結分心與瞎忙》，樺澤紫苑著）
- 《覚えない記憶術》（中譯本書名《不用記憶的記憶術：不用背也不用努力！記憶力越差的人越有效！日本名醫教你史上最輕鬆的記憶法，讀書考試、提升工作效率、預防失智症，任何場合都用得上！》，樺澤紫苑著）
- 《読んだら忘れない読書術》（中譯本書名《懂得增強記憶力讀書才會有效果》，樺澤紫苑著）
- 《精神科医が教えるぐっすり眠れる12の法則　日本で一番わかりやすい睡眠マニュアル》（樺澤紫苑著）

作者簡介

樺澤紫苑 Kabasawa Shion

精神科醫師、作家。1965年生於日本札幌。1991年畢業於札幌醫科大學醫學院。2004年赴芝加哥伊利諾大學留學三年，返國後成立「樺澤心理學研究所」。以「藉由資訊的傳遞，達到精神疾病與自殺的預防」為願景，每天透過YouTube頻道（56萬追蹤人數）等媒介，向累計超過100萬的追蹤人數傳遞資訊。擁有50本著作，累計銷售量超過260萬冊，包括在日本創下超過100萬冊銷售量的《最高學以致用法》系列。

樺澤紫苑官方電子報
http://bite-ex.com/rg/2334/7/

YouTube精神科醫生樺澤紫苑的樺頻道
http://www.youtube.com/@kabasawa3

最強專注力 / 樺澤紫苑作 ; 賴郁婷譯. -- 初版. -- 臺北市 : 春天出版國際文化有限公司, 2025.04
面 ; 公分. -- (Progress ; 36)
譯自 : 集中力がすべてを解決する
ISBN 978-957-9609-55-5(平裝)
1.CST: 注意力 2.CST: 健腦法 3.CST: 成功法

176.32 113018416

最強專注力

集中力がすべてを解決する

Progress 36

作　　者◎樺澤紫苑
譯　　者◎賴郁婷
總 編 輯◎莊宜勳
主　　編◎鍾靈
出 版 者◎春天出版國際文化有限公司
地　　址◎台北市大安區忠孝東路4段303號4樓之1
電　　話◎02-7733-4070
傳　　真◎02-7733-4069
E－mail◎frank.spring@msa.hinet.net
網　　址◎http://www.bookspring.com.tw
部 落 格◎http://blog.pixnet.net/bookspring
郵政帳號◎19705538
戶　　名◎春天出版國際文化有限公司
法律顧問◎蕭顯忠律師事務所
出版日期◎二〇二五年四月初版
定　　價◎420元

總 經 銷◎楨德圖書事業有限公司
地　　址◎新北市新店區中興路2段196號8樓
電　　話◎02-8919-3186
傳　　真◎02-8914-5524
香港總代理◎一代匯集
地　　址◎九龍旺角塘尾道64號 龍駒企業大廈10 B&D室
電　　話◎852-2783-8102
傳　　真◎852-2396-0050

ISBN 978-957-9609-55-5
Printed in Taiwan